미스터 바이언스의 아찔한 과학책

김요섭(과학교사 K) — 한국판 감수
최미혜 — 옮김

이마이즈미 타다아키 · 에노토 테루아키 — 감수

글 바이언스(VAIENCE)
그림 안라쿠 마사시

그린애플

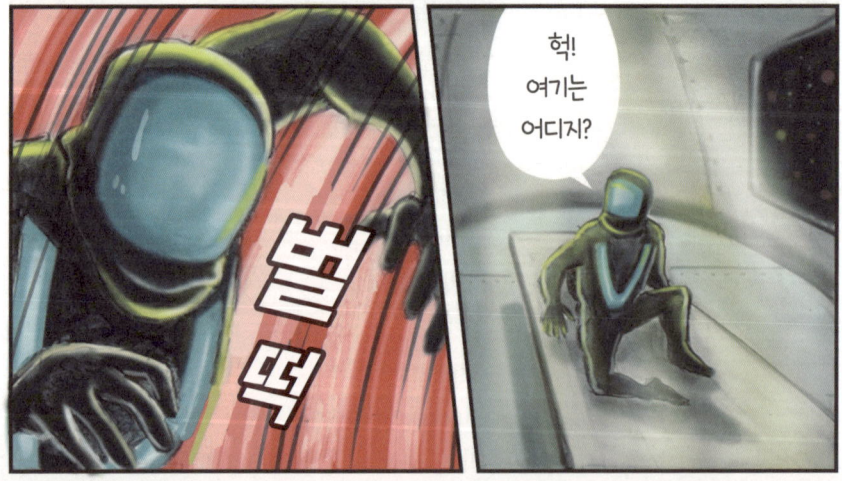

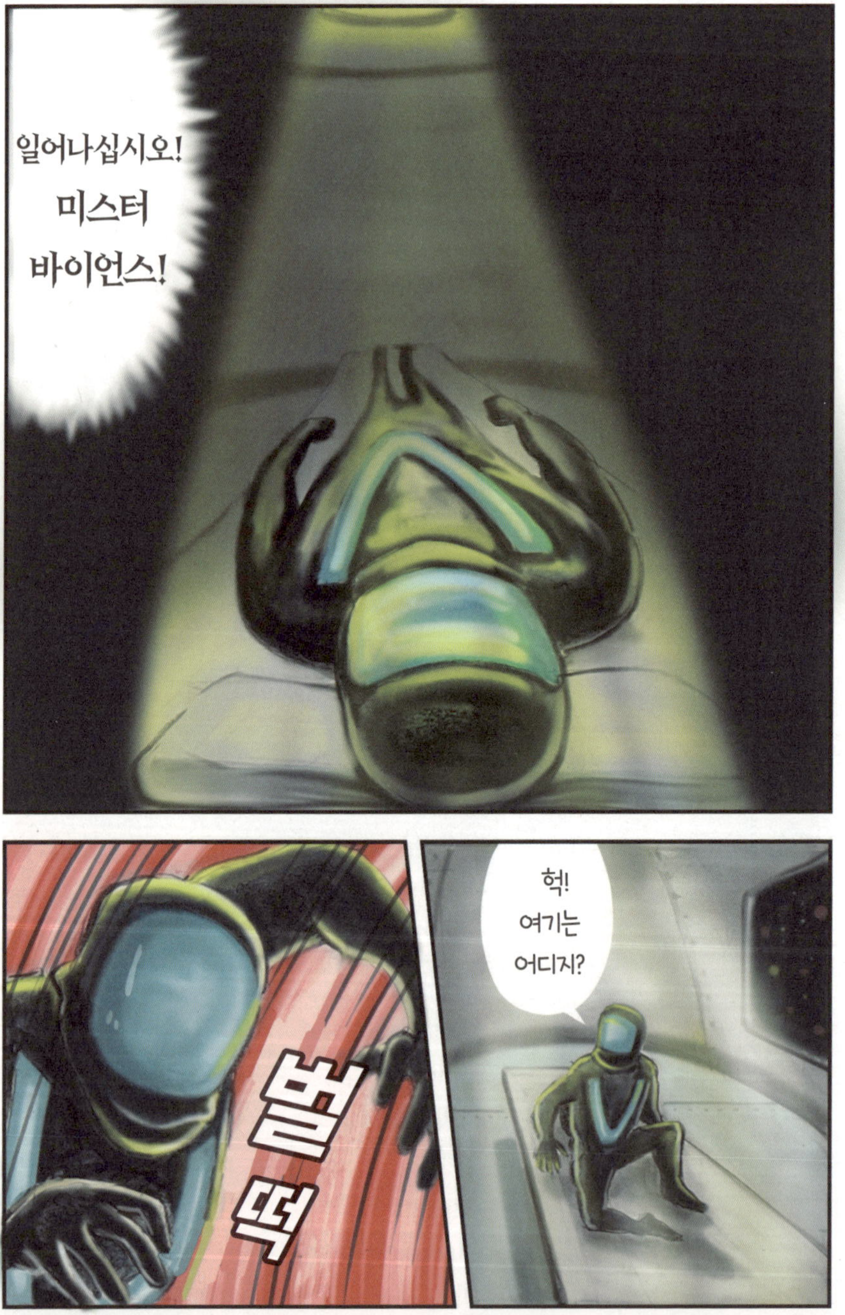

프롤로그

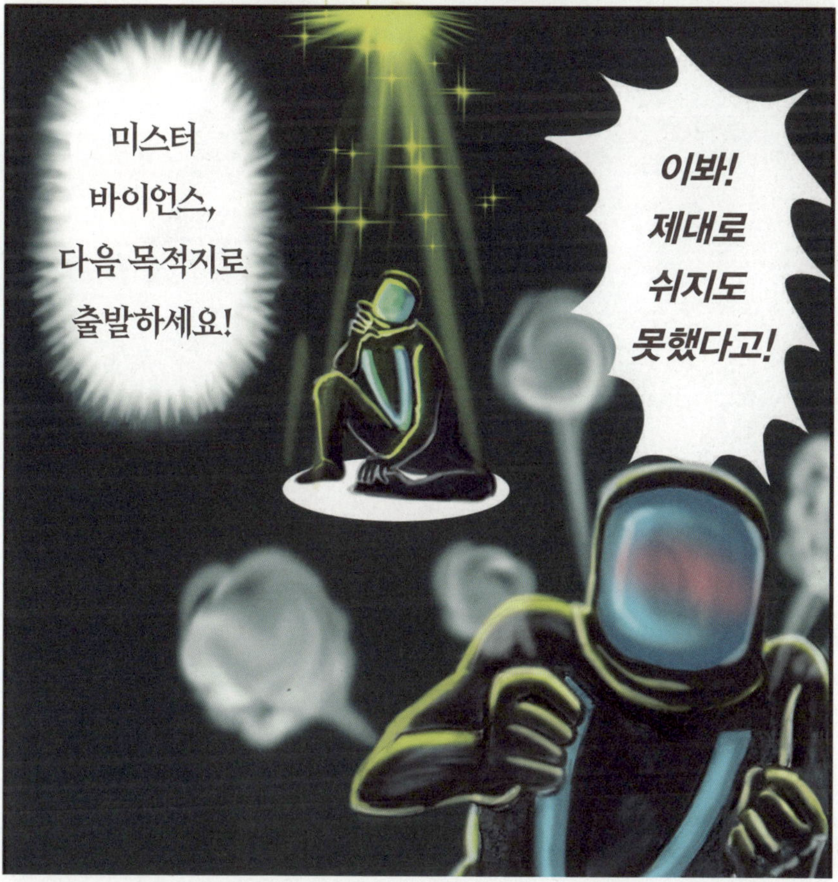

프롤로그

출동!
아찔한 과학 속으로

여러분, 안녕!
이렇게 만나게 되어 정말 영광이군요!
우주에는 수많은 위험이 도사리고 있지요.
동시에 위험한 행성과 생물, 흥미로운 현상도 있고요.
'만약에 목성으로 떨어지면 어떻게 될까?'
'만약에 고래에게 먹히면 어떻게 될까?'

여러분도 한 번쯤 이런 상상을 해 봤나요?
이참에 우리가 했던 상상들을 한번 이루어 볼까 해요.

특별 제작한 '바이언스 슈트'를 입고
여러 가지 가상 체험을
해 보려고요.

무방비 상태로 가려는 건 아니니
걱정은 붙들어 매요.
아무리 무시무시한 일이 생겨도
바이언스 슈트만 있으면
끄떡없답니다.
목숨은 건질 수 있을 거예요!

CONTENTS

프롤로그　　　　　　　　　　　　002
출동! 아찔한 과학 속으로　　　　　006

제1장 | 아찔한 우주편

만약에 목성으로 떨어지면?　　　　　　　　　　　014
만약에 천왕성으로 떨어지면?　　　　　　　　　　020
만약에 방귀로 우주까지 날아가면?　　　　　　　026
만약에 맨몸으로 우주 공간에 뛰쳐나가면?　　　032
만약에 지구가 블랙홀에 빠지면?　　　　　　　　038
만약에 우주의 종말인 빅 크런치가 일어나면?　　042
만약에 우주 끝에 다다르면?　　　　　　　　　　048
만약에 베텔게우스가 초신성 폭발을 일으키면?　054
만약에 태양계의 제9 행성이 발견되면?　　　　　060
만약에 1,500만°C의 뜨거운 태양에 사람이 떨어지면?　064

바이언스 생존 전략 | 벼락 맞고도 살아남는 법　　070

제 2 장 아찔한 생물편

만약에 8.8m, 249kg의 아나콘다 몸을 매듭짓듯 묶으면?	074
만약에 지구에 바퀴벌레가 사라지면?	078
만약에 사람이 피라냐 떼가 헤엄치는 수영장에 들어가면?	082
만약에 인간이 무성 생식으로 번식하면?	088
만약에 식인 아메바에 감염되면?	094
만약에 살아 있는 민달팽이를 먹으면?	100
만약에 숨이고기가 인간의 항문에 기생하면?	104
만약에 매머드를 복원시키면?	110
만약에 고래에게 먹히면?	114
만약에 상어에게 잡아먹히면?	120
만약에 티라노사우루스에게 잡아먹히면?	124
바이언스 생존 전략 │ 4차원 공간에서 살아남는 법	130

제 3 장 아찔한 지구편

만약에 지구가 통째로 황금으로 변한다면?	134
만약에 지구 반대쪽으로 땅굴을 파서 뛰어내리면?	140
만약에 지구의 중력이 10배가 되면?	146
만약에 지구에서 오존층이 사라지면?	150
만약에 전자기 펄스의 공격을 받으면?	154
만약에 지구의 바닷물이 민물로 바뀌면?	158
만약에 후지산이 분화하면?	164
만약에 지자기 역전, 폴 시프트가 일어나면?	168
바이언스 생존 전략 ｜ 비행하던 여객기에서 떨어졌을 때 살아남는 법	174

이 책을 읽는 독자에게

◆ 이 책은 과학 지식을 바탕 삼아 '만약'이라는 가상의 질문에 답을 찾아가는 과학 이야기입니다. 본문에 다소 엉뚱한 내용이 나오더라도 똑같이 따라 하지는 마세요.

◆ 태양에 떨어지거나 핵연료에 떨어져도 살아남을 수 있는 특별한 바이언스 슈트를 입은 바이언스가 등장해 '만약'이라는 설정으로 다양한 분야에 도전하는 이야기입니다.

제4장 아찔한 인간편

만약에 인간이 양치질을 중단하면? 178
만약에 인간이 잠을 자지 않으면? 182
만약에 인간이 통증을 느끼지 못하면? 186
만약에 초속 29만 9천792km 광속으로 똥을 누면? 192
만약에 인간이 뇌를 100퍼센트 사용하면? 198
만약에 인간이 계속 물속에 있으면? 204
만약에 후지산 정상에서 굴러떨어지면? 210
만약에 인체를 냉동 보존하면? 214

참고문헌 218
에필로그 222

◆ 각 장에 '위험 레벨'을 표시해 두었습니다. 위험 레벨이란 실제로 일어날 가능성이 있는 상황을 1~5단계로 나타낸 것입니다. 단계가 올라갈수록 위험 요소가 많으니 절대로 따라하지 마세요.

제 1 장

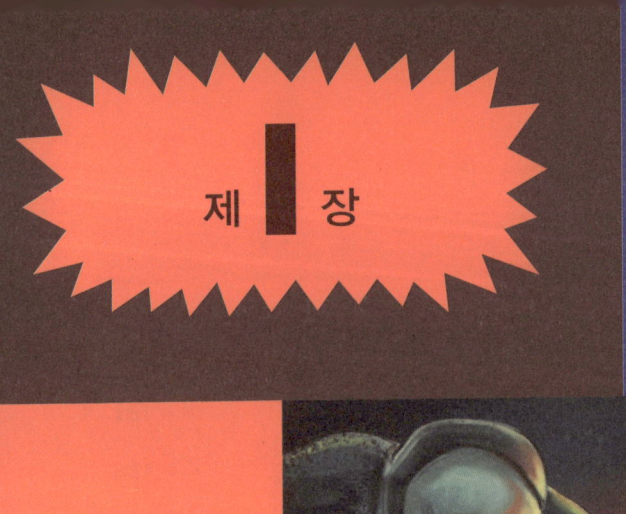

아찔한 우주편

드넓은 우주에서 인간을 관찰하면 아주 작은 개미처럼 보이지요. 우주의 진실을 '아찔한 우주편'에서 자세히 알아봅시다!

만약에 목성으로 떨어지면?

오가는 고압 환경 속으로!
초저온과 초고온을

위험 레벨

목성은 태양계에서 가장 큰 행성이에요. 질량이 지구의 300배가 넘을 정도로 몸집이 거대하죠. 목성은 중력이 강해서, 날아오는 소행성과 혜성으로부터 지구를 지켜주는 수호신 같은 역할을 해요. 또한 주위 수십만 킬로미터에 걸쳐

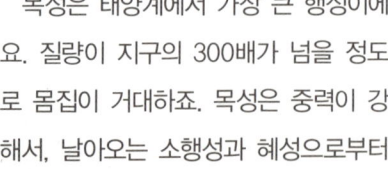

치사량의 방사선을 내뿜는 행성이랍니다. 목성의 표면층에서는 풍속이 초당 100미터가 넘는 바람이 항상 휘몰아치는데요. 이러한 목성의 모습을 보고 있노라면 마치 파괴의 신처럼 느껴지지요.

그런데 목성의 내부는 어떻게 생겼을까요? 목성 표면이 두터운 구름에 뒤덮여 있어서 내부 구조에 대해서는 알려진 사실이 아직 많지 않아요. 어쩌면 목성 내부로 직접 들어가 관찰하는 게 빠를지도 모르죠. 호기심 넘치는 친구들이라면 망설이지 않고 목성을 향해 돌진하겠죠?

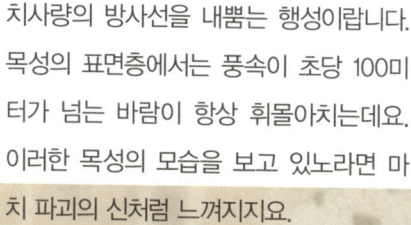

만 약 에 목성으로 떨어지면?

초고온, 고압 환경 속에서 인간 미트볼이 된다?!

우리가 맨몸으로 목성을 향하기도 전에 게임은 이미 끝났다고 봐야 해요. 목성 주변에서 뿜어져 나오는 강렬한 방사선 때문인데요. 사람이 방사선에 노출되면 곧바로 목숨을 잃을 수 있어요.

목성 주변에는 강력한 자기장에 붙잡혀 전기를 띤 '방사선대'라고 하는 고에너지 입자가 밀집해 있답니다. 그렇다고 너무 실망하진 말아요. 우리에겐 방사선도 막아낼 수 있는 바이언스 슈트가 있으니까요. 여러분도 당연히 바이언스 슈트를 가지고 있겠죠?

목성 같은 가스 행성에는 고체 상태의 단단한 표면이 존재하지 않아요. 그래서 압력이 1기압이 되는 곳을 표면으로 보죠. 이 표면층에서 목성 중심까지 낙하한다면 거리가 대략 7만 킬로미터에 이를 거예요. 이 부근에서 먼저 접할 수 있는 건 수소와 헬륨으로 이루어진 대기, 암모니아로 이루어진 얼음 구름이에요.

목성의 표면 온도는 약 영하 148도이며, 풍속이 초당 100미터가 넘는 바람 때문에

우리 몸은 사방으로 날리면서 낙하하겠죠. 그러나 처참한 경험은 이제 시작에 불과해요. 아래로 떨어질수록 온도와 압력이 계속 증가해 50킬로미터 낙하한 지점에서 압력은 5기압, 온도는 0도가 되지요. 150킬로미터 지점에서는 22기압에 150도가 되는데, 이 부근이 목성의 궤도에 진입한 나사(NASA)의 갈릴레오 탐사선*이 1995년에 파괴된 대기 고도에 해당해요.

아래로 떨어질수록 목성의 환경은 더더욱 가혹해져서 1000킬로미터까지 낙하할 무렵에는 5000기압에 2000도까지 상승해요. 풍속이 초당 100미터가 넘는 바람도 계속 불어댈 거예요. 만약 바이언스 슈트를 입지 않았다면 우리 몸은 이미 뭉개지고 말 거예요. 그뿐인가요? 아마 노릇노릇하게 구운 미트볼 같은 모습이 될 겁니다. 아직 놀란 가슴을 어루만지긴 일러요. 지금까지 말한 것은 전체 여정의 70분의 1 정도에 해당하는 이야기니까요. 혹시 바이언스 슈트를 입고서도 목성 여행을 벌써 포기하려는 건 아니죠?

제 1 장 아찔한 우주편

지구에서는 볼 수 없는
희귀 물질, 금속수소!

계속해서 목성 아래로 낙하해 봅시다. 높은 압력 때문에 주위에 있는 수소가 액체인지 기체인지 구별할 수 없는 초임계유체* 상태가 되기 시작합니다. 그리고 1만 킬로미터 정도 낙하하면, 수소의 바닷속에서 헬륨이 분리되어 비처럼 내리는 모습을 관찰할지도 모릅니다. 100만 기압, 6000도의 환경에서 물질은 때로 지구에서는 상상하기 힘든 모습이 되거든요.

그중 으뜸은 1만 5천 킬로미터 낙하한 지점에 있어요. 250만 기압, 1만 도까지 도달한 영역에서는 압력이 너무 높은 탓에 전자가 수소의 원자핵으로부터 떨어져 나와서, 마치 금속처럼 원자핵 사이를 자유롭게 돌아다닙니다. 낙하 전에 우리를 힘들게 했던 목성의 강력한 자기장은 금속수소* 상태인 수소의 대류 운동 때문에 일어난다고 추측하고 있어요. 금속수소는 높은 압력이 물질에 미치는 영향을 연구하는 고압 물리학자들이 항상 동경하는 물질이죠. 그리고 보면 우리는 바이언스 슈트의 보호를 받으며 금속수소의 바닷속을 낙하하는 대단한 경험을 하는 거랍니다.

- **갈릴레오 탐사선** – 1989년에 나사(NASA)가 쏘아 올린 목성 탐사선.
- **초임계유체** – 액체와 기체가 구분되는 임계점 이상의 온도와 압력에서 존재하는 물질의 상태. 물질의 온도와 압력이 모두 임계점을 넘어서면 액체와 기체가 구분되지 않는 유체 상태가 된다.
- **금속수소** – 수소가 금속의 특성을 가진 상태.

만약에 목성으로 떨어지면?

목성에 다이아몬드 비가 내린다고!

목성의 대기에 다이아몬드가 아주 많을지도 모른다는 걸 알고 있나요? 목성의 대기에서는 폭풍이 휘몰아치며 생긴 낙뢰의 영향으로 탄소를 함유한 물질이 원자 단위로 분리된답니다. 탄소는 수소보다 무거워 대기 밑으로 가라앉기 때문에 높은 온도와 압력에 의해 다이아몬드가 만들어질 가능성이 크대요. 이 지점에서 우리는 다이아몬드 비를 맞으며 대기 속을 낙하할 거예요. 다이아몬드와 함께 낙하하는 건 틀림없이 환상적인 일일 테지만, 안타깝게도 그 시간은 오래가지 않을 거예요. 목성의 중심까지 대략 절반, 약 3만 5천 킬로미터를 낙하하면 압력이 1천만 기압에 도달하는데, 너무나 높은 온도와 압력 탓에 다이아몬드가 녹아내리고 말거든요. 목성 내부에서는 다이아몬드조차 영원하지 않은 거죠.

다이아몬드와 이별하기 전부터 주위의 모습이 변화합니다. 금속수소에 암석과 철, 니켈 같은 무거운 원소가 섞이기 시작하죠. 바로 이것이 목성의 핵입니다. 주위의 금속수소에 핵의 물질이 천천히 녹아내리는 것 같다는 표현처럼 우리는 낙

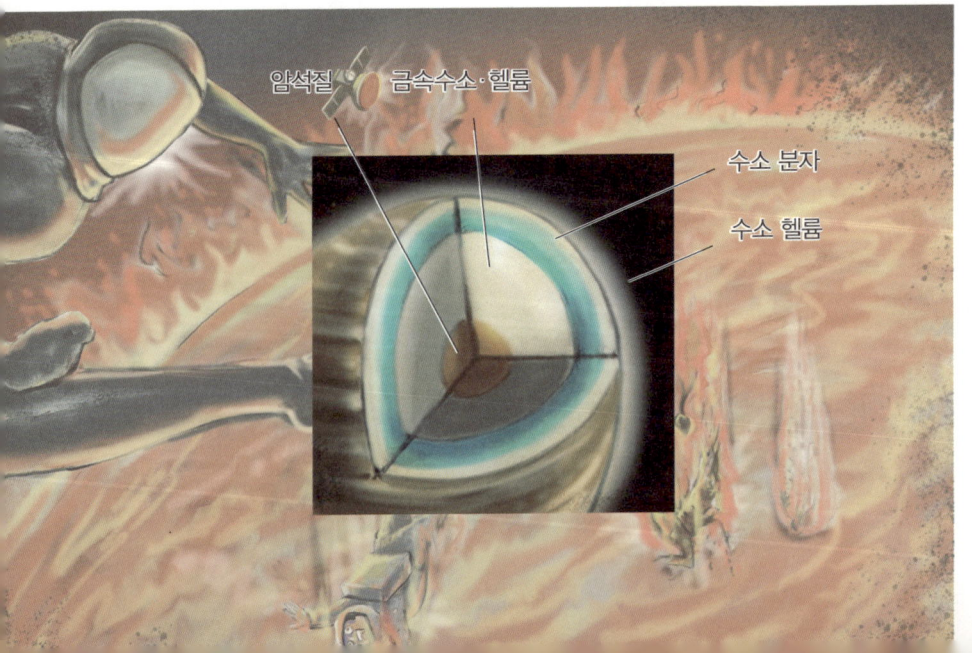

제 1 장 아찔한 우주편

하하면서 서서히 무거운 원소의 비율이 늘어나는 걸 느낄 거예요.

핵이 왜 이토록 밀도가 낮고 묽은 모습인지는 자세히 알려지지 않았습니다. 기존의 행성 형성 이론*을 적용해도 설명할 수 없어서, 일부 과학자는 목성이 형성되던 초기에 지구 질량의 10배 정도 되는 행성과 정면충돌했기 때문일 거라 추측하고 있습니다. 이 가설에 따르면 충돌로 부서진 목성의 핵이 46억 년이나 지난 후에도 아직 완전히 안정되지 않은 셈이지요.

서서히 짙어지는 중원소(원자량이 큰 원소)의 바닷속을 낙하해서 모두 합해 약 6만 7천 킬로미터 나아간 끝에, 반지름이 3천500킬로미터 정도 되는 핵의 본체에 도달합니다. 온도는 2만 도에서 3만 6천 도나 되고, 압력은 4천만 기압에 이르죠. 액체 다이아몬드 비가 쏟아지고 주위는 고압 물리학자라면 누구나 탐을 낼 금속 수소가 있어요. 그리고 태양계 초기 모습을 짐작할 실마리가 될지도 모르는 금속 수소층까지 확산되는 목성의 핵. 우리는 지구에서 결코 손에 넣을 수 없는 보물에 둘러싸여 있을 거예요.

혹독한 여행을 마친 후에 받은 작은 보상이라 할 만하지만, 안타깝게도 우리는 여기서 탈출하거나 누군가에게 연락할 수 없습니다. 여행과 함께 우리의 생명도 끝날 거라 말하고 싶지만, 미션은 이제 겨우 시작에 불과해요. 그럼 다음 지옥을 경험하러 가 볼까요.

● **행성 형성 이론** – 목성 같은 가스형 행성은 미세한 입자가 모여 핵이 되고, 핵이 주변 물질을 흡수해 점점 커지며 생성된다.

"목성 낙하가 첫 번째 미션인가……. 준비 운동으로 딱이군."

19

위험 레벨

만약에 천왕성으로 떨어지면?

청록색 깊숙이 숨어 있는 1천만 기압의 압축 지옥

천왕성은 태양에서 약 30억 킬로미터 떨어진 행성으로 청록색을 띠며 공전해요. 태양과는 정반대로 <u>최저기온이 영하 220도인 극한의 환경을 지녔죠. 줄무늬가 있는 목성과 달리 어딘가 밋밋한 천왕성의 겉모습만</u>

보면 여행하고 싶은 마음이 생기지 않을지도 몰라요. 그런데 과연 그럴까요? 겉모습만 보고 사람을 판단하기 어려운 것처럼, 천왕성의 아름다운 청록색 깊은 곳에서 흥미로운 모습을 발견할지도 모르죠. 물론 이번에도 우리는 지독하게 고생하며 여행해야 할 거예요. 천왕성이 시시한 행성인지 아닌지는 바이언스 슈트를 입고 낙하해 본 후에 이야기하도록 하죠.

 천왕성으로 떨어지면?

비밀을 품은 신비로운 천왕성

출발하기 전에 천왕성이 어떤 행성인지부터 알아보는 게 좋겠군요. 그러다 보면 겉모습만으로는 모를 천왕성만의 매력을 알게 될 테니까요. 천왕성은 공전축을 기준으로 자전축이 98도 기울어져 있는데, 그건 태양 주위를 데굴데굴 공 구르듯 공전하고 있다는 것을 의미해요. 공전 주기가 84년이기 때문에 천왕성의 극에서는 42년 동안 태양이 지지 않는 백야 현상이 나타나지요. 반면에 그다음 42년 동안은 태양이 전혀 떠오르지 않는 극야 현상이 나타난다고 하니, 어둠을 좋아하는 친구들이라면 한 번쯤 가고 싶을지도 모르겠군요.

또한 천왕성에서 뿜어져 나오는 자기장도 대단히 파격적이에요. 자기장의 강도는 지구의 50배, 목성의 400분의 1 정도로 다소 평범하지만, 이 자기장은 공전축에서 98도 기울어진 자전축에 비해 약 59도 기울어져 있어요. 이 때문에 천왕성은 마치 등대의 불빛같이 회전하면서 자력선처럼 방사선을 주위에 흩뿌린답니다. 왜 자기장이 이렇게 되었는지는 아직

자세히 알려지지 않았어요. 하지만 '핵 주위에 존재하는 대류가 있는 도전성의 유대층(流帶層)에서 발생했기 때문'이라는 설이 유력합니다.

사실 천왕성의 내부 구조에 대해서는 자세히 알려지지 않았습니다. 앞에서 낙하했던 목성은 보이저 1호와 2호가 근접비행(플라이바이)*으로 근처를 통과한 데다 탐사선 갈릴레오와 주노가 목성 주위를 도는 데 성공했습니다. 예컨대 탐사선들이 목성 주위를 돌며 중력의 분포를 상세하게 조사해, 핵이 주위의 금속수소로 스며 나오는 듯한 상태임을 밝혀냈지요.

이와 달리 이번 여행의 주인공인 천왕

제 1장 아찔한 우주편

성은 1986년에 보이저 2호가 딱 한 번 근접 비행한 뒤로는 탐사 계획조차 없었던 것으로 알고 있습니다. 안타깝지만 인간이 천왕성을 무시하고 있다고 해도 지나친 말이 아닌 것 같군요.

이번 기회에 우리가 인류 대표로 천왕성과 친해져 보면 어떨까요? 지옥이나 다름없는 천왕성의 내부 환경도 기꺼이 우리를 반겨 줄 것 같군요.

아름다운 혹성……이라고 생각했더니 악취만 풍기는 여행?

아름다운 청록색 표면에 감탄하면서 천왕성에 다가가면 수소와 헬륨으로 구성된 대기와, 메탄으로 구성된 하얀 구름을 볼 수 있습니다. 바람은 천왕성의 어느 지점에 낙하하는지에 따라 크게 달라지는데, 위도에 따라 때때로 발생하는 폭풍 외에는 바람이 거의 없는 곳도 있고 풍속이 초당 200미터가 넘는 세찬 바람이 부는 곳도 있습니다. 즉 운 좋게 조용히 낙하를 즐길 수도 있죠. 하지만 머지않아 천왕성의 환경이 우리 편은 아니란 걸 알게 될 거예요.

압력이 1기압에 다다를 즈음부터 어떤 물질의 농도가 높아집니다. 그 물질은 바로 황화수소죠. 메탄도 많이 있어서 만약 바이언스 슈트를 벗는다면 지구에서 아득히 떨어진 행성에서 방귀 냄새를 맡을 수도 있어요. 산소가 없어서 그 전에 죽어 버릴 테지만 어떻게든 꼭 맡겠다면 말리지는 않을게요.

계속 낙하하면 황화수소로 이루어진 구름 즉, 방귀 구름을 지나 그 아래층의 황화수소암모늄이라는 썩은 달걀 냄새 나는 물질로 이루어진 구름에 도달합니다. 지독한 악취로 불쾌한 기분이 들 무렵에는 표면에서 약 300킬로미터 낙하하고

● **근접 비행(플라이바이)** – 천체의 바로 근처를 지나가는 일로, 별을 관측하거나 중력을 이용해서 해머던지기처럼 원심력을 높여 가속하거나 한다.

23

 천왕성으로 떨어지면?

있을 거예요. 이 부근에서는 온도 50도, 압력은 50~100기압으로, 낙하를 시작했을 때보다 상당히 따뜻해져요.

물론 여행이 여기서 끝나진 않죠. 대기를 낙하해 약 6천 킬로미터 내려가면 이제야 천왕성의 맨틀이라고 불리는 영역으로 들어갑니다. 여기에는 물과 암모니아, 메탄으로 이루어진 얼음 바다가 펼쳐집니다. 얼음이라고 해도 압력이 20만 기압, 온도가 2천 도에서 3천 도에 이르는 환경에서 차갑게 느끼지는 못할 테지만요.

지구에 없는 신비한 물질로 가득한 미지의 세계

천왕성에서 볼 수 있는 신비한 물질은 초고온의 얼음만이 아닙니다. 맨틀 내에는 수소, 산소, 탄소 그리고 질소가 많이 함유되어 있어요. 이들 원자는 온도와 압력이 너무 높은 탓에 신비한 분자를 형성합니다. 예를 들면 화학식으로 $C_2H_2N_2O_2$라고 표현하는, 분자가 쇠사슬처럼 길게 이어진 고분자 물질과, 탄산과 물이 반응한 H_4CO_4 등 지구에서는 대단히 불안정한 물질이 천왕성의 맨틀 내에서는 안정적으로 존재할 수 있다는 말입니다.

아울러 우리 인간이 잘 아는 물질도 변화를 겪습니다. 압력이 100만 기압 정도까지 상승하면 물을 구성하는 산소와 수소의 모습도 달라져요. 산소가 고체처럼 격자 결정을 이룬 구조 위로, 수소가 물처럼 자유롭게 흐르는 초이온 얼음이라는 물질을 형성한다는 가설이 있습니다. 남은 메탄이 다이아몬드가 되어 초이온 얼음 안에서 우박처럼 내릴 수도 있으니, 지구에서는 결코 볼 수 없는 광경에 압도당하겠지요.

우리의 여행도 끝이 보이는군요. 드디어 천왕성의 중심인 핵에 도달합니다. 압력은 1천만 기압, 온도는 5천 도에서 6천 도 사이. 천왕성의 핵에 대해서는 잘 알려지지 않아서, 목성의 핵처럼 주위와 섞여 있는지, 아니면 독립된 암석 덩어리인

제 1 장 아찔한 우주편

지 명확하지 않습니다. 핵 주위를 H₃O로 표현하는 일산화삼수소가 얇게 덮고 있는데 그것이 천왕성의 독특한 지자기를 형성한다는 가설 등 천왕성에는 아직 채 끄집어내지 못한 재미있는 이야기가 있을 것 같군요.

천왕성 낙하 여행은 어땠나요? 겉모습만으로 사람을 판단할 수 없다는 말처럼, 천왕성도 아름다운 겉모습으로는 상상도 못할 만큼 내부가 기묘하지 않았나요? 우리는 인류 처음으로 천왕성 내부의 무시무시한 환경과 그곳에서 펼쳐지는 신비한 광경을 눈앞에서 관찰하는 데 성공했습니다. 이렇게까지 천왕성과 가까워졌는데, 안타깝지만 우리에게는 아직 수행해야 할 미션이 남았군요.

자, 그럼 다음은 어떤 지옥을 경험하러 가 볼까요?

"천왕성에서 다이아몬드를 잔뜩 손에 넣어 지구에 가서 억만장자가 돼야지! 무사히 돌아갈 수 있을지 장담할 수는 없지만 ……."

25

만약에 방귀로 우주까지 날아가면?

인간의 항문은 견딜 수 있을까? 핵융합에 플라스마화(化),

위험 레벨

현재 인간이 우주로 날아갈 수 있는 수단은 로켓입니다. 인류의 뛰어난 지혜로도 지구 중력을 벗어나려면 대단한 수고가 따르지요. 로켓 중량의 약 90퍼센트는 연료로 이루어져 있어요.

마치 마른걸레를 짜듯이 조금이라도 로켓 몸체의 중량을 줄이거나, 에너지 효율이 더 높은 연료를 개발하기 위해 온 힘을 쏟아붓는 모습이 딱하다는 생각이 들기도 하더군요.

인간이 맨몸으로 우주에 갈 수 있다면 정말 간편할 텐데 말이죠. 그래서 준비했습니다. 엉덩이에서 발사할 수 있는 공기포인 방귀를 추진력으로 삼기로 한 거죠. 방귀를 뀌어서 우주까지 도달하려면 어느 정도의 힘이 필요할까요? 과연 우리 항문은 무사할까요?

 방귀로 우주까지 날아가면?

엉덩이와 항문이 무사하길 빌며 빛의 속도로 발사!

인간은 중력의 영향으로 땅에 발이 묶여 있어요. 그래서 중력을 벗어나 우주에 도달하려면 에너지가 필요합니다. 궤도역학에서는 필요한 에너지를 지표 부근에서 가한 속도라는 형태로 흔히 표현하고, 어디에 도달하고 싶은지에 따라 제1 우주 속도, 제2 우주 속도, 제3 우주 속도라 하지요.

제1 우주 속도란, 지구 둘레를 돌 수 있는 최저 속도로 초속 7.9킬로미터입니다. 만약 지표에서 물체를 제1 우주 속도로 던졌을 경우 공기 저항과 고저 차를 무시하면 지면으로 낙하하지 않고 지구를 한 바퀴 돌 수 있습니다. 그러나 이걸로는 우주에 도달할 수 없을 거예요.

지구를 완전히 벗어나려면 이른바 탈출 속도라고 하는 제2 우주 속도까지 도달해야 하는데, 이는 초속 11.2킬로미터입니다. 또 태양계를 탈출하는 제3 우주 속도는 초속 16.7킬로미터입니다. 일단 제2 우주 속도인 초속 11.2킬로미터를 목표로 해 볼까요.

그럼 지금부터 기다리고 기다리던 방귀를 힘차게 분사해서 우주까지 가는 걸 목표로 삼을게요. 로켓은 연료를 연소시키며 고온의 가스를 지상으로 고속 분사해 추진력을 얻습니다. 인체도 추진력을 얻기 위해 방귀를 연소시켜야 한다고 생각

제 1 장 아찔한 우주편

할지도 모르지만, 실제로는 무얼 분사하든 상관없습니다. 연료를 연소시킨 가스든, 공기든, 그야말로 방귀든, 무슨 물질이든 뒤로 내던질 수만 있으면 작용·반작용의 법칙 탓에 앞으로 가속할 수 있으니까요. 문제는 어느 정도 속도로 방귀를 분사해야 할까, 그리고 우리의 항문은 과연 무사할까죠.

인간의 방귀 성분과 양을 조사한 연구를 보면, 24시간 동안 뀌는 방귀의 중앙값은 수소가 361밀리리터, 이산화탄소가 68밀리리터, 질소가 213밀리리터라고 합니다. 이를 기초로 하면 방귀의 질량이 약 0.43그램이라는 계산이 나옵니다. 한편 일본인들은 섬유질을 많이 섭취해서 방귀 양이 많을 것 같으니, 방귀의 질량을 0.5그램이라고 합시다. 최대한 강력한 방귀를 뀌는 게 중요하니, 조금 괴롭더라도 온종일 방귀를 참아야 해요. 우주로 간다는 숭고한 목적을 위해서는 인내력이 좀 필요하지요.

고등학교 물리 교과서에도 나와 있듯이 외력이 가해지지 않으면 질량과 속도의 곱은 항상 일정합니다. 이번에도 마찬가지로 방귀의 질량과 속도를 곱한 값과, 인간의 질량과 속도를 곱한 값이 같다는

말이지요.

인간의 질량을 60킬로그램, 방귀의 질량을 0.5그램으로, 속도를 초속 11.2킬로미터로 설정하면 방귀의 속도를 간단하게 계산할 수 있겠지요 …… 라고 생각했는데, 이번에는 이런 단순한 계산이 성립하지 않습니다. 계산상 방귀의 속도가 초속 134만 4천 킬로미터라서, 빛의 속도의 4.5배가 돼 버리거든요. 이 우주에서 물체는 빛의 속도를 뛰어넘을 수 없다는 걸 알고 있죠? 천재 물리학자 알베르트 아인슈타인이 주장한 상대성 이론에 따르면 빛의 속도에 가까워지면 속도를 높이기 위해서 보통보다 큰 에너지가 필요하고, 물질은 결코 빛의 속도에 도달할 수 없습니다.

이 상대성 이론을 고려하면, 방귀의 속도는 초속 29만 2천600킬로미터, 광속의 대략 97.6퍼센트가 됩니다. 이런 속도로 어떻게 방귀를 뀌냐고요? 걱정하지 말아요. 바이언스 슈트만 있으면 광속의 97.6퍼센트로 방귀 뀌는 것쯤은 식은 죽 먹기니까요.

 방귀로 우주까지 날아가면?

항문 주위에서 핵융합, 플라스마화 그리고……

자, 이제 만반의 준비를 하고 방귀로 우주에 날아가 봅시다. 종일 방귀를 참은 보람이 있군요. 우주에 도달할 수 있다는 기대를 품고, 있는 힘껏 방귀를 뿜어내면 좋겠지요.

항문에서 광속의 97.6퍼센트로 방귀를 분사하면, 가장 먼저 대폭발이 일어납니다. 방귀 속도가 너무나 빨라서 방귀 속의 원자핵이 공기 중의 질소나 산소의 원자핵과 핵융합*을 일으킬 위험이 있거든요. 원자핵은 플러스 전하를 띠기 때문에 일반적인 경우라면 전자기력의 반발로 원자핵이 충돌하는 일은 없습니다. 그러나 광속의 97.6퍼센트 속도에서는 전자기력의 반발도 넘어서서 원자핵끼리 접촉해 핵융합 반응을 일으킬 위험이 있습니다. 간단히 말해서, 우리의 항문 바로 바깥쪽이 핵융합로가 되는 겁니다.

핵융합 반응은 폭약과는 차원이 다른 엄청난 에너지를 방출합니다. 만약 0.5그램의 방귀 질량 중 0.1퍼센트가 핵융합 에너지가 된다고 가정하면, 티엔티(TNT) 환산*으로 10.8톤의 에너지가 발생하는 셈이죠. 이것은 '모든 폭탄의 어머니'라는 별명을 가졌고 핵무기를 제외하면 가장 파괴력이 있는 폭탄 중 하나라고 하는 모아브(MOAB)와 거의 같은 에너지입니다. 따라서 반경 150미터 정도 내의 지역은 폭풍에 휩싸여, 인간과 건물이 모두 파괴되고 말 거예요.

지구 표면이 우리의 방귀 탓에 대혼란을 겪는 동안, 방귀의 반작용을 받은 우리 몸에는 어떤 일이 일어날까요? 방귀의 반작용은 우리의 온몸이 아닌, 주로 엉덩이

- **핵융합** – 몇 개의 원자핵이 결합해 큰 에너지를 방출하는 현상. 여담이지만 태양은 핵융합 반응으로 막대한 에너지를 발생시킨다.
- **티엔티(TNT) 환산** – 폭약이 폭발할 때 방출되는 에너지를 동등한 에너지의 트라이나이트로톨루엔 질량으로 환산하는 것.

제 1 장　아찔한 우주편

에 작용합니다. 최악은 초속 11.2킬로미터에 이르는 힘으로 발사된 <mark>우리의 골반 부근만 앞으로 날아가 버리고, 남은 상반신과 하반신은 방귀의 핵융합으로 불타는 것입니다.</mark>

만약 허리가 이 충격을 견딘다고 해도 안타깝게도 쾌적한 하늘 여행을 즐기지는 못할 것 같군요. 똑바로 서 있을 때, 인간의 몸의 중심은 배꼽 바로 아래라고 합니다. 그곳에서 조금 떨어진 엉덩이가

힘을 받아서, 우리는 고속으로 뒤로 회전하면서 쏜살같이 하늘로 날아갑니다. 게다가 압축열로 뜨거워진 공기가 사정없이 덮칠 거예요. 초속 8.5킬로미터를 넘으면 압축열에 의해 주위의 공기가 플라스마화 된다고 합니다. <mark>플라스마화에 항문의 핵융합까지.</mark> 어쨌든 바이언스 슈트가 없다면 우리 몸이 한순간에 완전히 타 버릴 게 분명하군요. 원통하기 그지없네요……

● **플라스마화** – 강력한 전기장 혹은 열원으로 가열되어 기체 상태를 뛰어넘어 전자, 중성입자, 이온 등으로 나뉜 상태.

"방귀를 너무 뀌었더니 항문이 남아나질 않네. 거기 너, 항문 아픈 데 잘 듣는 약 있으면 좀 줄래?"

위험 레벨 ⚠️⚠️⚠️⚠️⚠️

만약에 맨몸으로 우주 공간에 뛰쳐나가면?

내용물이 샘어 나올지도⋯⋯ 체내의 모든 구멍에서 5초 만에 기절하고

지구를 흔히 기적의 별이라 하죠. 인간에게는 딱 좋은 기온과 풍부한 물, 그리고 대기 중에 대량의 산소가 있기 때문이죠. 하지만 지표에서 조금만 멀어져도 이런 이상적인 환경은 허무하게 사라져요. 지표에서 불과 8킬로미터, 지구 지름의 약 1000분의 1도 안되는 고도로 올라가기만 해도 인간이 오래 생존할 수 없는 환경이 되거든요.

나아가 지구와 거리가 멀어지면 인간은 어떻게 될까요? <mark>지구에서 멀리 떨어진 우주 공간에 맨몸으로 뛰쳐나간다면 어떤 일이 일어날지</mark> 궁금하죠? 모처럼 기회가 찾아왔으니, 우리 중 한 사람을 실험 대상으로 삼아 볼까 하는데요. 이 책을 손에 든 바로 당신 말이에요. 기꺼이 지원할 거죠?!

 맨몸으로 우주 공간에 뛰쳐나가면?

상상 이상으로 가혹한 환경인 우주 공간에서 과연 살아 돌아갈 수 있을까?

우주 공간은 지구와 달리 대단히 가혹한 환경입니다. 대기압*이 없다는 게 가장 큰 문제죠. 우리가 흔히 '공기 같은 존재'라 표현을 하는데, 공기는 수없이 많은 분자로 이루어져 있어요. 우리 눈에 보이지 않을 뿐, 공기에는 1세제곱센티미터(㎤)당 약 3천 경(조(兆)의 만 배가 되는 수, 즉 10^{16}을 가리킨다) 개의 분자가 있습니다.

그 3천 경 개의 공기 분자는 고속으로 움직이며 공기와 닿는 모든 물체와 끊임없이 충돌합니다. 바로 그 충돌이 대기압의 실체이고 인간의 몸은 대기압이 존재하는 걸 전제로 설계된 셈이지요.

한편, 우주 공간은 1세제곱센티미터(㎤)당 분자가 단 한 개만 있는 경우도 있고, 은하와 은하 사이의 공간에서는 1세제곱센티미터(㎤)가 아니라, 1세제곱미터(㎥)당의 분자 수가 한 개도 되지 않는다고 생각됩니다. 물론 장소에 따라 다르지만 우주 공간에 공기 같은 물질은 아예 없다고

생각해도 좋아요.

또 우주 공간에는 우주선(우주에서 쏟아지는 방사선)이라는 해로운 방사선이 어지럽게 날아다닙니다. 태양계 내에는 태양 플레어 현상(태양 표면에서 일어나는 폭발 현

* 대기압 – 공기 무게에 의해 생기는 대기의 압력.

제 1 장 아찔한 우주편

상)이나 다른 행성의 자기장 때문에 생기는 우주선이 있고, 태양계로부터는 멀리 떨어진 블랙홀 주변이나 초신성 폭발 때문에 생기는 우주선도 날아와 우주선을 피할 수 없습니다. 지표 부근에서는 지구의 대기와 지자기가 어느 정도 보호해 주므로 우주선의 영향을 걱정하지 않아도 되지만, 지구에서 멀어지면 그렇지 않습니다.

우주 공간이 얼마나 가혹한 환경인지 이해하셨나요? 분명히 이 책을 읽은 여러분들 중에는 우주 공간으로 뛰쳐나가고 싶어서 견딜 수 없는 사람도 있을 거예요. 그렇다면 어쩔 수 없죠. 원하는 대로 맨몸으로 우주 공간에 내던져 줄 게요.

몸에서 공기가 빠져나가고 구토나 소변을 참을 수 없다

대기압이 없는 우주 공간으로 뛰쳐나가면, 인체는 곧바로 폭발해 사방으로 흩어져 버리겠죠? 하지만 다행히도 인간의 피부는 대단히 유연하고 튼튼해서 폭발하지는 않습니다. 우리 몸 대부분을 차지하는 물이 끓기 시작하면서 10초 정도면 온몸이 보기 흉하게 부풀어 오를 테지만, 적어도 폭발 같은 충격적인 일로 생을 마감하지는 않을 거예요.

맨 먼저 온몸의 구멍에서 공기가 급속히 빠져나가는 걸 느끼고 소리를 들을 수 있겠지요. 어떻게 이런 사실을 알 수 있냐면, 실제로 우주 공간에서 사고로 거의 진공에 노출됐다가 목숨을 건진 사람이 있기 때문이에요. 그의 마지막 기억은 혀에서 물이 끓기 시작하는 느낌이었다고 해요. 다행히도 주위에 있던 다른 사람이 알아차린 덕분에 15초 정도에서 압력이 상승하기 시작해 목숨을 건졌습니다.

우리도 누군가 구조해 줄 사람이 있기를 바랄 수밖에 없습니다. 불행인지 다행인지 우리는 이내 의식을 잃어 갈 테니 기도할 시간도, 참기 힘든 공포를 느낄 시간도 별로 없을 거예요.

35

만약에 맨몸으로 우주 공간에 뛰쳐나가면?

몸에서 점점 공기가 빠져나가기 때문에, 당연히 폐에서는 굉장한 기세로 공기를 토해냅니다. 인간의 뇌가 움직이려면 혈액이 산소를 운반해 줘야 합니다. 그 산소는 폐 속에 있는 공기로부터 공급되지요. 하지만 폐가 산소가 사라진 진공 상태가 되면 혈액에 산소를 공급하기는커녕, 반대로 혈액에서 산소를 빼앗습니다. 산소 부족으로 우리는 15초 정도면 기절할 테고, 누군가 구해 주지 않는다면 영원히 잠들고 말겠죠. 의식을 잃어 몸의 내용물을 제어할 힘도 모두 사라지고 맙니다.

즉 구토하거나 의지와 상관없이 소변을 싸는 등 결코 아름답지 못한 상황이 펼쳐질 겁니다. 간혹 이러한 상황을 피하려고 숨을 멈추고 의식을 유지하려는 사람도 있겠지만, 그건 아마도 최악의 선택일 거예요. 결국에는 폐가 파열돼 설령 구조된다 해도 살아남기는 무척이나 힘들거든요.

실제로 의식이 없어도 인간은 살아 있고 우주 공간에 내던져져도 구조되기만 한다면 뇌에 큰 타격 없이 회복할 수 있을 거예요. 제한 시간은 명확히 말할 수 없지만, 가엾게도 개의 경우는 90초, 침팬지의 경우는 150초라는 연구 결과가 있습니다. 인간도 여기서 크게 벗어나지는 않을 거예요. 4분 이상 지나면 우리는 이미 죽은 상태일 테니까요.

영하 270도나 되는 극한의 환경에서는 시신이 곧바로 얼어붙을 것 같지만, 우리 몸은 의외로 천천히 식어 갑니다. 물이 끓어오르며 생긴 기화열 때문에

제 1 장　아찔한 우주편

눈과 혀는 즉시 얼 테지만 몸 전체가 얼어붙기까지는 생각보다 시간이 걸리죠.

물체가 얼기 위해서는 열에너지를 주위로 방출해야 하는데, 일반적으로는 전도, 대류, 복사라고 하는 세 가지 방법이 알려져 있죠. 하지만 우주 공간은 전도할 물질도, 대류할 물질도 존재하지 않아서 복사만으로 체온이 0도 아래로 내려가려면 빨라도 몇 시간은 걸릴 거예요. 그 후 우리는 얼어붙은 미라가 돼서 우주 공간을 떠돌다가 결국 오랜 시간에 걸쳐 우주선으로 인해 몸 표면부터 서서히 너덜너덜해집니다.

안타깝지만 인간에게 우주 공간은 가혹하기 그지없는 환경입니다. 지구에서 불과 얼마 떨어지지 않아도 이런 지경인데, 그동안 인간은 지구라는 기적의 별에 대한 존경심이 조금 부족했던 게 아닐까요?

"구토하거나 오줌을 싸는 건 썩 유쾌한 일은 아니지. 하지만 우주 공간에서는 냄새가 나지 않으니 안심해."

위험 레벨

만약에 지구가 블랙홀에 빠지면?

모든 것이 빨려 든다 지구가 스파게티처럼 늘어나고

인간이 사는 은하계에는 1천만 개에서 10억 개의 블랙홀이 존재한다고 추정하고 있어요. 블랙홀은 우주의 모든 걸 무한대로 빨아들일 만큼 강력한 중력을 가진 최강의 천체랍니다. 그러나 전자파로는 직접 관측할 수 없는 성질

을 가져서, 만약 블랙홀이 태양계 가까이에 있다 해도 중력의 영향을 제외하면 그 존재를 알기 어려워요.
그럼 블랙홀이 인류가 모르는 사이에 지구 바로 옆까지 다가오면 도대체 어떤 일이 일어날까요? 탄생 이래 약 46억 년을 맞이하는 지구, 그리고 우리는 어떻게 블랙홀에 삼켜져 버릴까요?

 지구가 블랙홀에 빠지면?

격렬한 지진과 마그마의 바다, 모든 것을 빨아들이는 지옥도

사실 블랙홀은 지구나 태양과 같은 천체라고 할 수 있어요. 충분히 거리를 두고 멀리서 바라보면 블랙홀도 지구나 태양과 같은 천체처럼 보일 테지만, 그건 어디까지나 멀리 있을 때죠.

만약 지구 바로 옆에 블랙홀이 있다면 분명히 무시무시한 일이 일어날 거예요. 태양 질량의 10배 정도 되는, 극히 평범한 크기의 블랙홀이 지구 가까이에 갑자기 나타났다고 가정해 볼까요? 태양 질량의 10배라고 하면 대략 지구의 330만 배에 이를 거예요. 하지만 블랙홀은 질량만 클 뿐 고밀도로 압축돼 지구에 비해 아주 작아서 반지름이 약 30킬로미터예요.

지구 옆에 갑자기 나타난 블랙홀은 아주 강력한 중력을 무기 삼아 가차 없이 지구에 적대심을 드러냅니다. 먼저 지구는 블랙홀을 향한 쪽과 향하지 않은 쪽 사이에 중력 차가 생깁니다. 그 차이에 따라 <mark>블랙홀에 빨려 들어갈 때 지구는 가늘고 길게 늘어납니다. 지구 전체가 변형되는 거죠. 그 변형 때문에 생기는 마찰열로 역사상 유례가 없을 만큼 강력한 지진과 화산 폭발이 발생하고, 지구 표면 위로 마그마가 펄펄 끓어오를 거예요.</mark> 대기와 물, 인간은 지구와 함께 뒤범벅된 채 블랙홀로 떨어져 흔적도 없이 사라져 버리겠지요.

지구가 파괴되는 결정적인 지점은 블랙홀의 중심으로 수백 킬로미터 정도 접근한 순간에 찾아옵니다. 지구를 구성하는 물질에 의한 중력보다 블랙홀에 의한 중력이 더 커지기 때문에, 지구의 물질은 블랙홀에 가까운 부분부터 해체돼 블랙홀 주위를 돌게 될 거예요. <mark>둥근 모양의 지구는 한없이 잡아 늘여져서 스파게티같이 가늘고 긴 가스 덩어리가 됩니다.</mark> 이 아름답지 못한 현상은 '국수 효과(noodle effect)' 또는 '스파게티화(spaghettification)'라고 표현합니다.

블랙홀에 해체된 물질은 속도를 높이면서 블랙홀 주위를 돌기 시작하고 '강착원반°'이라는 가스 덩어리로 변합니다. 하지만 이러한 현상도 오래 지속되진 않아

제 1 장 아찔한 우주편

요, 곧 블랙홀로 떨어져서 <mark>마침내 지구를 구성하던 물질은 모두 블랙홀에 삼켜져 버리거든요.</mark>

블랙홀에 흡수된 후, 즉 사건의 지평선*까지 도달한 후에 무슨 일이 일어나는지는 알 수 없지요. 물질로서 지구의 흔적조차 없어져 버릴지, 사건의 지평선에 홀로그램처럼 기록될지, 현재의 물리학에서는 답을 찾지 못했답니다.

그러나 이건 태양계 입장에서 비극의 시작일 뿐이에요. 태양계의 전체 질량 중 대부분은 태양이 차지합니다. 이번에 출현한 블랙홀의 질량이 태양의 10배라고 하면, 태양계의 중심(물체에 대한 중력의 작용점)이 블랙홀과 태양 사이에 있어서, 이를 중심으로 모든 천체가 공전하기 시작합니다. 당연히 <mark>지금까지의 공전 궤도가 일제히 흐트러져서 행성끼리 충돌하거나, 태양계 밖으로 밀려나고, 태양이나 블랙홀에 삼켜지는 행성도 있을 거예요.</mark> 그런 아비규환의 지옥 같은 모습을 떠올리면, 지구가 최초의 희생자란 사실이 도리어 행복할 것 같군요.

- **강착 원반** – 블랙홀 중력에 의해 끌려온 가스가 만드는 원반 모양의 구조.
- **사건의 지평선** – 블랙홀에 존재하며, 한 번 들어가면 빛조차도 탈출할 수 없을 만큼 강한 중력이 작용하는 영역의 경계.

"이 세상 모든 게 블랙홀 속으로 빨려 들어간다면 좋을 텐데……."

41

위험 레벨

풍선처럼 쪼그라든다
우주 전체가 마치 바람 빠진

만약에 우주의 종말인 빅 크런치가 일어나면?

인간의 입장에서 보면 우주 규모의 시간 축은 놀라울 만큼 방대합니다. 만약 우주의 역사 138억 년을 365일로 축소하면, 현재 인류인 호모 사피엔스가 탄생한 건 섣달 그믐날의 오후 11시

48분을 지날 무렵이고, 인류 번영의 상징인 산업 혁명 후의 세계는 1초도 되지 않을 만큼 짧은 시간이 됩니다.

그러나 긴 역사를 걸어온 우주도 이대로 영원히 존재하는 건 아니고 언젠가는 수명을 다할 거예요. 우주의 종말에 대한 주된 가설은 세 가지인데, 이번에는 그 중에서 '빅 크런치'에 대해 이야기할 거예요. 빅 크런치 직전의 우주에 존재하는 생명체는 어떤 체험을 할까요?

 우주의 종말인 빅 크런치가 일어나면?

우리의 삶은 변함없다?
빅 크런치 이후의 세계

우주는 지금도 계속 팽창하는 중이랍니다. 게다가 그 속도가 점점 빨라진다고 하네요.

애초에 과학자들은 중력의 영향으로 우주의 팽창 속도가 늦춰지리라 생각했어요. 지구에서 공을 위로 멀리 던지면 처음에는 기세 좋게 올라가고 점점 속도가 늦춰지다가 땅에 떨어져 멈춰 버리죠. 이 모습을 보면 공이 지상으로 떨어지는 걸 예상할 수 있지요. 그러나 우주에서는 공의 속도가 점점 빨라지는 예상 밖의 현상이 발생해요.

이 관측 사실을 설명하기 위해 과학자들은 우주 공간 자체가 팽창하려는 움직임이 있는 게 아닐까 생각하고, 이 미지의 에너지를 '암흑 에너지(다크 에너지)'라고 이름 붙였습니다. 우주가 어떤 형태로 종말을 맞이할까 하는 의문의 열쇠는 이 암흑 에너지와 우주 속에 포함된 물질이 쥐고 있지요.

그러나 도대체 암흑 에너지가 무엇인지, 장래에 어떻게 우주에 영향을 줄지는 전혀 알려지지 않았기에 인류는 아직 결론을 내지 못하고 있는 게 현실입니다.

이제부터 소개할 세 가지의 우주 종말 가설은 우주의 기원이라고 하는 '빅뱅'에서 따와서 각각 **'빅 립' '빅 프리즈' '빅 크런치'라고 부릅니다.**

'빅 립'이란 암흑 에너지의 영향으로 공간의 팽창이 점점 빨라져서 결국 우주의 모든 구조체가 찢긴다는 가설입니다. 그와 반대로 '빅 프리즈'는 빅 립만큼 암흑 에너지의 영향이 강하지 않은 경우에 발생하는데, 우주가 팽창을 계속해 모든 물질과 에너지의 거리가 너무나 멀어져서 결국 우주에서 아무 일도 일어나지 않는다는 가설이지요. 그리고 **'빅 크런치'는 머지않아 중력이 암흑 에너지를 이겨 내고 우주 전체가 수축해, 결국 빅뱅 이전의 상태로 되돌아간다는 가설입니다.**

현재는 암흑 에너지란 공간 자체가 가진 에너지라는 가설이 유력합니다. 이것을 기초로 생각하면 암흑 에너지의 밀도, 즉 공간의 넓이당 팽창 속도는 항상 일정할

제 1 장 아찔한 우주편

것이므로 빅 프리즈가 가장 가능성이 크다고 생각합니다.

그러나 암흑 에너지가 이후로도 일정할 것이라는 증거가 없고, 실제로 암흑 에너지로 인해 우주의 팽창이 약해지거나, 반대로 우주가 수축한다고 생각하는 과학자도 있습니다. 이 경우 우주는 빅 크런치 형태로 종말을 맞겠지요.

만약 빅 크런치가 발생하면 어떤 일이 일어날까요? 만약 지금 이 순간부터 우주가 빅 크런치를 향해 수축을 시작한다 해도 우리 인간의 생활은 전혀 달라지지 않을 거예요. 지구는 태양 주위를 공전하고 태양도 변함없이 계속 빛을 발합니다. 그러나 은하를 관찰하는 과학자들이 그리 오래 걸리지 않아 이변을 알아차릴 것입니다.

현재의 우주에서는 멀리 떨어진 은하의 빛이 공간 자체의 팽창으로 파장이 길어져 지구에서는 붉은 색으로 보입니다. 이 현상을 '적색 편이'라고 부르죠.

우주가 수축으로 전환하면 반대로 파장이 짧아져 푸른색으로 보이는 '청색 편이'가 발생합니다. 과학자들은 이 새로운 관측 사실을 기초로 우주가 빅 크런치에 의해 종말을 맞을 거라는 예상을 내놓겠지요.

하지만 할 수 있는 건 아무것도 없습니다. 우주가 수축한다는 건 우주의 역사를 거슬러 올라가는 현상이 발생하는 것을 의미합니다. 은하와 은하 사이가 점차 가까워지고 우주 공간 자체의 온도도 끝없이 상승합니다. 수백억 년이라는 오랜 시간에 걸쳐서 우주는 그 역사를 거슬러 올라가겠지요. 인간이라는 작은 존재가 그 커다란 흐름을 거스르는 건 불가능할 수밖에요.

 우주의 종말인 빅 크런치가 일어나면?

우주 가득 은혜로운 물이 출현?!
분자라는 개념이 사라지고 불덩어리로……

하지만 우주의 수축이 파멸 직전에 크나큰 은혜를 베풀 수 있습니다. 현재 우주의 온도는 영하 270도로 알려져 있어요.

이것은 빅뱅의 흔적인 빛이 공간의 팽창 때문에 적색 편이*한 결과, 영하 270도 정도가 되어 지구에 도착했다는 것에서 유래했습니다. 이와 같은 현상을 우주 배경 복사*라고 하는데 우주의 모든 방향에서, 지구뿐 아니라 우주 어디라도 쏟아집니다.

<mark>우주가 수축으로 전환하면 우주 배경 복사의 온도가 상승하고 언젠가는 어떤 천체든, 그것이 태양에서 멀리 떨어져 있든 어떤 항성에도 속하지 않고 우주 공간을 떠도는 떠돌이 행성이든 표면에 액체인 물이 존재할 수 있을 정도로 온도가 유지됩니다.</mark>

실제로 빅뱅이 일어나고 1천만 년에서 1천7백만 년 후에 우주가 그같은 상태였을 가능성도 거론되고 있습니다.

액체인 물이 존재한다는 건 생명이 탄생할 가능성이 대단히 크다는 걸 의미하죠. 어디까지나 가능성일 뿐이지만, 빅 크런치는 온 우주의 생명이 마지막으로 한 송이 꽃을 피울 기회를 만들어 줄지도 모릅니다.

안타깝지만 이 상태도 오래 지속되지 않고 머지않아 우주 배경 복사 에너지가 너무 커져서 액체인 물이 증발하고 생명은 최후를 맞습니다.

그 후 물은커녕 모든 물질의 전자가 원자핵으로부터 분리되어 플라스마 상태가 되고, 원자핵끼리 전자를 매개로 결합하는 분자라는 개념도 소멸하지요. 그 원자핵도 너무 높은 온도와 압력에 의해 전 우주 규모로 핵융합이 진행되고, 더더욱 온도가 상승하면 현재의 물리 법칙으로 설명할 수 없는 완전히 다른 존재가 될

- **적색 편이** – 천체가 내는 빛의 파장이 원래의 파장보다 늘어나 보이는 현상으로 물체의 스펙트럼이 붉은색 쪽으로 치우친다는 의미에서 적색 편이라고 한다.

거라 추정됩니다. 최후의 순간, 무한히 압축된 불덩어리 속에서 우주가 마지막을 맞이하는 것이 빅 크런치입니다.

빅 크런치 후의 우주에 대해 현재의 물리학에서는 답을 가지고 있지 않습니다. 우주가 불덩어리인 채로 영원히 존재할지, 다시 빅뱅을 일으켜 불사조처럼 되살아날지 알 수 없지만 어느 쪽이든 현재의 우주는 흔적조차 없이 사라지겠죠. 무에서 시작해 무로 끝이 난다. 겨우 100년 정도밖에 살 수 없는 인류가 걱정할 필요는 없을 것 같군요.

- **우주 배경 복사** – 약 138억 년 전 빅뱅이 일어났을 때 나온 빛의 흔적.

"우리 인간이 우주의 마지막 같은 걸 신경 쓴들 별수 없잖아. 현재에 집중해야 해."

위험 레벨

 우주 끝에 다다르면?

우주가 이어진다고?! 가고 또 가도 끝없이

인류의 과학은 약 138억 년 동안 우주 공간을 뻗어나간 빛까지 관측할 정도로 발전했어요. 이 빛이야말로 현재 지구에서 관측할 수 있는 '우주의 끝'을 가늠하는 자료라고 할 수 있지요.

그러나 실제로 우주의 끝은 약 460억 광년 떨어져 있습니다. 계산이 딱 맞아 떨어지지 않는 이유는 풍선이 부풀 듯이 우주 자체가 팽창하기 때문이에요. <u>먼 거리에 있는 물체일수록 더 빨리 멀어지는 것처럼 보이거든요.</u> 그래서 138억 년 전에 빛을 발했던 천체 자체도 계속 멀어져 현재 지구에서 약 460억 광년 떨어진 데에 있는 것이지요. 그 우주의 끝은 어떤 모습일지 궁금해하는 사람들이 많을 거예요.

그럼 바이언스 슈트를 입고 떠나 볼까요? 자, 이제 무한한 공간 저 너머를 향해 출발해 봅시다!

 우주 끝에 다다르면?

우주는 아무리 나아가도 끝이 보이지 않는다?!

그런데 우주 끝까지 가 보면 도대체 어떤 일이 일어날까요? 바이언스 슈트가 있으면 460억 광년쯤은 한순간에 이동할 수 있겠죠. 그곳에는 우리가 감히 상상도 할 수 없는 세계가 펼쳐져 있을까요? 가슴이 두근두근 뛰네요.

어이쿠, 우린 지금 무사히 이동한 것 같군요. 앗? 특별한 게 별로 없는데요. 여기에도 우리가 사는 은하계와 비슷한 은하가 존재하고 있습니다. 어쩌면 지구와 비슷한 행성이 있을지도 모르겠군요. 지구와 반대 방향으로 가능한 한 멀리 내다봐도 지구에서 본 광경과 구분할 수 없을 만큼 무척이나 비슷하네요. 도대체 어찌 된 일일까요?

사실은 지구에서 관측하는 우주란 우주 전체로 보면 극히 일부입니다. 지구에서 본 우주의 끝은 138억 년 전에 그곳에서 발생한 빛이 정확히 지금의 지구에 도달하는 장소에 있을 뿐이며, 우주 전체에 있어서는 뭐 하나 특별하지 않은, 특별난 게 전혀 없는 곳이지요.

그러나 여기에서 포기하면 안 돼요. 우주의 끝을 목표로 지구에서 460억 광년 떨어진 곳에서 지구와 반대 방향으로 더 나아가 봅시다. 얼마나 시간이 걸릴지 모르지만 언젠가는 우주의 끝에 다다를 거예요.

하지만 아무리 나아가도 우주의 끝에는 다다르지 못합니다. 왜일까요? 여기서 우리는 슬픈 현실을 받아들여야 합니다. 정말로 유감스럽지만, 현재로서는 '애초에 우주에는 끝 같은 건 없다'는 것이 과학계의 정설이거든요.

제 1 장 아찔한 우주편

상대성 이론으로 생각하는 곡률과 우주의 관계

이 부분은 시공의 '곡률', 즉 공간이 어느 정도 휘어져 있는가와 밀접한 관련이 있습니다.

알베르트 아인슈타인의 상대성 이론에 따르면, 물체를 끌어당기는 힘인 중력의 본질은 공간을 휘게 하는 힘이에요. 예를 들면 지구가 태양의 주위를 도는 건 태양의 중력에 의해 휘어진 공간을 똑바로 나아간 결과, 돌고 있는 것처럼 보이는 것이죠. 이것은 물체뿐 아니라 빛에도 적용됩니다.

만약 우주의 곡률이 0 이하면 우주는 무한대로 펼쳐져 있다고 생각할 수 있습니다. 곡률이 0인 경우, 공간은 한 장의 종이처럼 평탄한 형태로 무한대로 펼쳐집니다. 곡률이 0보다 적은 경우, 공간은 구부러진 말의 안장 같은 형태로 무한대로 펼쳐집니다. 한편, 곡률이 0보다 크면 우주 전체는 마치 구형의 공 모양과 같습니다. 이 경우 우주의 크기 자체는 유한하지만, 한 방향으로 계속 나아가면 결국은 원래의 장소로 되돌아 오지요.

즉 우주의 끝을 찾아 나선 우리에게는 대단히 안타까운 일이지만, 우주에는 끝 같은 건 결코 존재하지 않습니다. 곡률이 0보다 적으면 우주의 끝을 목표로 여행을 아무리 계속해도 영원히 끝에 다다르지 못하고, 곡률이 0보다 크면 계속 나아가도 결국은 원래 자리로 돌아와 버리니까요.

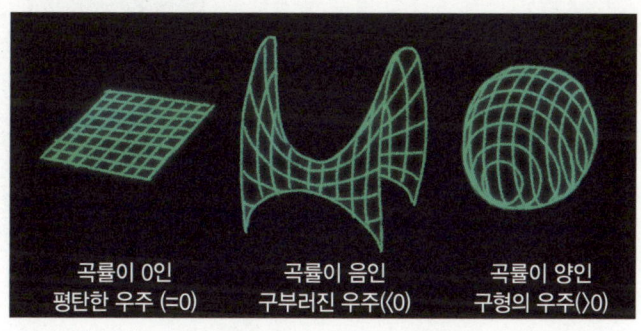

곡률이 0인 평탄한 우주 (=0)   곡률이 음인 구부러진 우주 (<0)   곡률이 양인 구형의 우주 (>0)

만약에 | 우주 끝에 다다르면?

우주의 끝에 이르지도 못하고
다시 돌아오지도 못한다고?

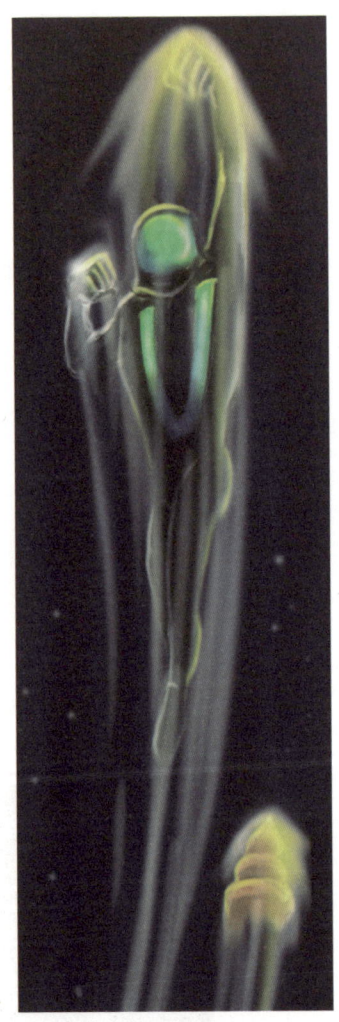

　아무래도 바이언스 슈트의 힘만 믿고 성급히 출발한 게 화근인 것 같군요. 지구에서 너무 멀어져 버렸네요. 우주의 곡률이 0보다 적으면 이 이상 나아가도 소용이 없기 때문에 곧바로 되돌아설 수밖에 없어요. 우여곡절 끝에 여기까지 왔다면 곡률이 0보다 클 가능성에 기대를 걸어 보지 않을래요? 그렇지요. 곡률이 0보다 크면 원래 장소인 지구로 되돌아가거든요.
　하지만 안타깝게도 이 또한 불가능할 것 같군요. <mark>현재로는 우주의 곡률이 거의 0이라는 사실이 명확해졌거든요.</mark> '우주 배경 복사'를 포착한 영상을 인터넷에서 검색해 보면 온도가 약간 높은 부분과 약간 낮은 부분이 있는데 그 영역의 크기를 이론적으로 계산할 수 있어요.
　만약 이 우주에 곡률이 있고 공간이 휘어져 있다면 빛도 휘어져서 나아가므로, 온도가 높은 장소와 낮은 장소가 실제와 다른 크기로 보일 거예요. 그러나 지구에서 관측할 수 있는 영역의 크기와 이론적인 계산으로 산출해 낸 영역의 크기를 비교해 보면 거의 같아요. 즉 우주 전체의 곡률은 '거의 0'인 것이지요.

제 1 장　아찔한 우주편

평생 집으로 돌아가지 못하고
끝없이 나아갈 뿐……

왜 이렇게 됐는지는 아직 밝혀지지 않았지만, 그런 우주에 우리가 살고 있다는 것만큼은 분명한 것 같군요.

이번에는 안타깝지만 얌전히 되돌아가기로 합시다. 아무리 나아가도 우주의 끝에 이르지 못하고(평탄한 모양의 우주, 구부러진 우주인 경우), 그대로 끝없이 나아가도 다시 돌아올 수 없으니까요(구형의 우주인 경우).

앗! 지구가 어느 방향인지 모른다고요? 아차…… 그럼 나는 먼저 갈게요. 언젠가 지구에서 만나…… 긴 힘들 것 같지만.

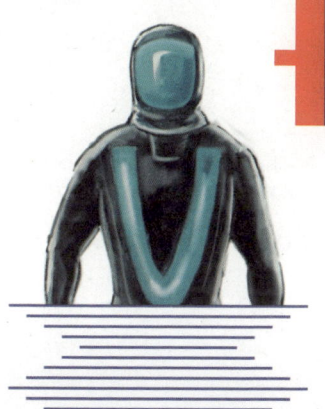

"지구로 돌아가지 못하게 돼 버렸어. 누군가 날 데리러 와 줄까?"

위험 레벨

만약에 베텔게우스가 초신성 폭발을 일으키면?

세기의 우주 쇼 초신성 폭발 밤하늘에 두 번째 달 출현!

겨울 밤하늘을 수놓는 오리온자리의 왼쪽 위를 보면 오렌지색으로 빛나는 별이 있습니다. 바로 일등성인 베텔게우스지요. 베텔게우스는 밤하늘에서 가장 빛나는 별이지만, 이 별이 머지않아 사라질 거란 사실을 알고 있나요?

베텔게우스는 수명이 얼마 남지 않았습니다. 그리고 이 별은 '초신성 폭발'이라는 엄청난 폭발로 생을 마칠 거라고 예상하고 있어요.

그 폭발 에너지는 태양이 100억 년으로 추정되는 전 생애에 걸쳐 발해 온 에너지의 총합과 맞먹을 정도라고 합니다. 만약에 베텔게우스의 초신성 폭발이 실제로 일어난다면 인류는 어떤 일을 경험할까요?

 **베텔게우스가 초신성 폭발을 일으키면?**

시한부 선고를 받은 베텔게우스, 가깝고도 먼 미래에 폭발한다?

<u>베텔게우스가 머지않아 초신성 폭발을 일으킬지도 모릅니다.</u> 그러나 '머지않아' 라는 표현이 오해를 낳을지도 모르겠군요. 베텔게우스의 초신성 폭발은 빨라도 10만 년 이내에 일어날 거라 예상되는데, 인간에게는 터무니없을 정도로 긴 시간이지요.

한편으로 베텔게우스는 약 800만 년 전, 태양은 약 46억 년 전에 탄생했으니 우주의 시간 규모로 보면 10만 년 정도는 눈 깜짝할 사이라 할 수 있지요. 만약 베텔게우스의 수명이 80년이라고 하면 1년이라는 시한부 선고를 받은 상태인 셈이에요.

그런데도 베텔게우스에 뭔가 이상이 있으면 인간은 곧 초신성 폭발과 연결 지으려 합니다. 예를 들면 2019년 말부터 2020년 2월경까지 베텔게우스의 밝기가 급격하게 어두워졌습니다. 베텔게우스는 주기적으로 맥동*하므로 평소에도 밝기가 30퍼센트 정도 변하지만, 이때는 평소보다 60퍼센트 정도 어두워졌어요. 그러자 언론은 베텔게우스의 초신성 폭발이 가까워졌다며 앞다투어 크게 보도했지요.

하지만 당시 천문학자들 사이에서는 베텔게우스의 밝기가 어두워진 현상만 갖고 초신성 폭발과 연결 짓는 데는 무리가 있다는 의견이 주를 이루었습니다. 다른 초신성 폭발 데이터를 분석해 봐도 폭발

제 1 장 아찔한 우주편

직전에 밝기가 어두워진 적은 없다는 것이 이유였습니다.

실제로 2020년 4월경 베텔게우스의 밝기는 원래대로 돌아왔어요. 따라서 적어도 인간이 생각하는 만큼 폭발이 가깝다고 하는 소문은 자연히 사라졌지요.

여담이지만 2019년부터 2020년 사이에 밝기가 어두워진 이유로는 주로 두 가지 설이 있습니다. 어두워진 건 베텔게우스의 일부뿐이라는 사실에 기초해서, 대량의 가스 구름이 베텔게우스의 빛을 차단했다는 설과, 태양의 흑점처럼 베텔게우스 표면에 온도가 낮은 광대한 영역이 나타났다는 설입니다. 사실 이 두 가지 설 중 어느 쪽이 옳은지는 아직 결말이 나지 않았어요. 따라서 앞으로의 연구를 기대하고 있습니다.

● **맥동** – 항성의 크기가 수축·팽창함으로써 주기적으로 변하는 현상으로 이 때문에 항성의 밝기가 주기적으로 변하는 것처럼 보인다.

폭발로 피해를 보는 건 천문학자와 야행성 동물 정도?

언제일지 모르는 베텔게우스의 초신성 폭발이 일어나면 어떤 일이 벌어질까요? 지구와 베텔게우스의 거리는 500~650광년 정도이므로 만약 현재 초신성 폭발이 일어난다 해도 그 폭발의 빛이 지구에 도달하는 데는 500년 넘게 걸립니다. 그렇다면 베텔게우스가 15~16세기, 중세시대 때 이미 초신성 폭발을 일으켰고, 그 정보가 지금 지구에 도달했다고 하면 어떤 일이 일어날지 떠올려 보세요.

다행히도 지구에 사는 생명체에게 위기가 찾아오지는 않습니다. 초신성 폭발 에너지는 분명 방대하고 감마선과 엑스선 등의 방사선을 대량으로 방출하지만, 지구의 생명을 위협하려면 50광년 이하의 거리여야 해요.

 **베텔게우스가 초신성 폭발을 일으키면?**

초신성 폭발의 일부분으로 발생할 수 있는 감마선 버스트*가 베텔게우스에서도 나타난다고 여기던 때도 있었죠.

하지만 최근 들어 감마선 버스트는 블랙홀을 탄생시키는 초신성 폭발에 한정되며, 블랙홀이 아니라 중성자별을 남길 것으로 추정되는 베텔게우스에서는 발생하지 않는다는 것이 정설이 되었습니다. 즉, 인간은 안심하고 이 우주 쇼를 즐길 수 있는 거죠.

<mark>더욱이 베텔게우스의 초신성 폭발은 몇 시간 전에 조짐을 관측할 수 있습니다.</mark> 베텔게우스의 핵이 붕괴할 때는 별 내부에 있는 양자와 전자가 결합해서 중성자가 되고, 동시에 '중성 미자'*라고 하는 소립자를 대량으로 방출합니다. 별의 핵 주위에 있는 물질이 핵으로 떨어지고, 핵이 변화된 중성자별로 되돌아온 충격파로 별 전체가 대폭발하는 것이 초신성 폭발이지요.

중성 미자의 방출과 충격파, 그리고 그 에너지가 빛을 포함한 전자파로 변화하기까지 시간 차가 있으므로, 지구에는 먼저 중성 미자가 도착할 거라고 예상됩니다.

뉴트리노는 다른 물질에 영향을 미치기 어려우므로 지구의 생명에 위협은 없는데, 일본의 슈퍼 가미오칸데*같이 중성 미자에 특화된 검출기가 있으면 확인할 수 있습니다.

실제로 약 16만 광년 떨어진 초신성 SN 1987A가 1987년에 폭발을 일으켰을 때, 전자파가 지구에 도달하기 몇 시간 전에 중성 미자의 증가가 관측됐죠. 마찬가지로 베텔게우스도 중성 미자가 먼저 도달할 가능성이 있습니다.

때가 되어 드디어 초신성 폭발의 빛이 도달한다고 생각해 볼까요. 베텔게우스가 640광년을 떨어져 있었던 경우 <mark>1시간 정도면 보름달의 10분의 1 정도, 대략 반달과 비슷한 밝기로 빛납니다.</mark> 밤하늘은 달이 하나 늘어난 것처럼 밝아지고, 낮에도 육안으로 빛나는 점을 볼 수 있을 겁니다. 우리는 아름다운 밤하늘을 즐길 수 있지만, 어두운 밤에 관측해야 하는 천문학자나 달빛을 의지하는 야행성 동물에게는 성가신 일일지도 모르지요. 어쩔 수 없이 몇 달 정도 참아야 할 테니까요.

● **감마선 버스트** – 수십 밀리 초에서 수백 초에 이르는 짧은 시간에 마치 폭발하듯 감마선이 빔 모양으로 방사되는 현상.

제 1 장 아찔한 우주편

자, 초신성 폭발이 일어나고 나서 3개월 정도 지나면 초신성 폭발의 빛 밝기가 급격히 어두워지기 시작합니다. 2년 후에는 현재의 베텔게우스의 밝기, 3년 후에는 맨눈으로는 보기 힘들 겁니다. 2019년과 달리, 베텔게우스의 밝기는 되살아나지 않고 밤하늘을 수놓을 별 하나가 영원히 사라져 버린다는 뜻입니다. 쓸쓸하지만 이것도 약속된 미래이지요.

더욱이 베텔게우스가 있던 자리에는 초신성 잔해라고 불리는 성운이 남아, 핵이 변화한 중성자별을 둘러싼 성운으로 빛날 가능성이 제기되고 있습니다. 1054년에 초신성 폭발로 형성된 게 성운을, 베텔게우스와 같은 640광년 앞으로 가져오면 육안으로 충분히 보이는 밝기가 되거든요. 한때 베텔게우스로 불린 별은 세기의 우주 쇼를 연출하고 소멸한 뒤에도 아마 수백 년에 걸쳐서 인류를 즐겁게 해 줄 겁니다.

- **중성 미자** − 중성자가 양성자와 전자로 붕괴될 때에 생기는 소립자로 전하를 가지고 있지 않고 질량이 거의 없다.
- **슈퍼 가미오칸데** − 일본 기후현에 있는 세계 최대의 체렌코프 중성 미자 관측 장치. 초신성 SN1987A의 중성 미자는 그 전신인 가미오칸데가 발견했다.

"베텔게우스의 초신성 폭발, 살아 있는 동안에 봤으면 좋겠는데……"

위험 레벨

만약에 태양계에 제9 행성이 발견되면?

언제 발견될까? 낭만 가득한 태양계 제9 행성,

2006년, 국제천문연맹 총회에서 명왕성을 행성이 아닌 준행성으로 분류하기로 결정하자 세상이 떠들썩했습니다. 명왕성이 왜소행성으로 '강등'됐다고 받아들이는 사람도 있었죠. 현재까지도 천문학계에는 여전히 아쉬움이 남아 있습니니

다. 그러나 2010년대부터 명왕성과는 별개로 태양계의 제9 행성이 있을 것이란 학설이 제기되고 있습니다. 그것도 명왕성같이 행성의 정의를 충족하지 못할 만큼 작은 것이 아니라 지구보다 큰 천체라는 설이 대부분입니다.

반대 의견도 많지만 만약에 학설대로 제9 행성이 발견되면 어떤 일이 일어날까요? 도대체 왜 발견되지도 않은 제9 행성이 있다고 여기는 걸까요?

 태양계에 제9 행성이 발견되면?

제9 행성 있다 vs 없다, 논쟁이 끝나려면 진짜 발견하는 수밖에?!

'행성'이라는 정의도 인간이 마음대로 정한 것이기에 행성의 뜻을 바꿔서라도 명왕성을 행성으로 되돌려 놓아야 한다고 주장하는 천문학자들도 있습니다.

실제로 1820년대까지는 당시 이미 발견된 수성부터 천왕성까지의 7개의 행성을 포함하여 화성과 목성 사이의 소행성대에 있는 베스타, 주노, 케레스, 팔라스 등 4개의 천체까지 행성의 수가 총 11개라고 교과서에 기재되어 있었습니다. 현재는 케레스만 왜소행성, 다른 세 개는 소행성으로 분류하지만 그로 인해 달라진 건 아무것도 없었습니다.

그러면 왜 직접 관측한 적이 없는데도, 해왕성 바깥쪽에 제9 행성이 존재한다고 생각하는 걸까요? 그것은 해왕성 궤도 너머에서 공전하는 해왕성 바깥 천체 궤도에 어떤 일정한 현상이 존재하며, 그 현상을 가장 잘 설명할 수 있는 것이 아직 발견되지 않은 행성이 지닌 중력의 영향 때문이라는 설에서 시작합니다.

태양계는 해왕성에서 끝나지 않으며, 많은 천체가 태양계의 해왕성 바깥에서 공전하고 있습니다. 태양계 내의 거리를 말할 때, 태양과 지구의 평균 거리인 약 1억 5천만 킬로미터를 1AU로 보는데요. 태양에서부터의 평균 거리가 30AU인 해왕성의 바깥쪽에서 공전하는 천체를 해왕성 바깥 천체라고 부릅니다.

예를 들면 대표적인 해왕성 바깥 천체인 명왕성은 태양에서부터의 평균 거리가 39AU입니다. 해왕성 바깥 천체 중에서도 특히 태양에서 먼 천체가 몇 개 있습니다. 태양에서 가장 가까울 때 30AU 이상, 태양에서 가장 멀 때 150AU 이상이라고 하는, 해왕성의 중력이 결코 미치지 않을 것 같은 궤도를 가진 천체를 조사해 보았습니다. 그런데 신기하게도 태양에 가장 가까운 점이 있는 경계에 모이는 데다 궤도의 기울기가 비슷한 경향을 보였습니다. 도저히 우연이라고는 생각할 수 없어서 어떤 연구자는 태양에서 100AU 이상 떨어진 영역에 아직 발견되지 않은 행성이 존재하고, 그 중력의 영향으로 해왕성

제 1 장 아찔한 우주편

바깥 천체의 궤도가 갖춰졌다는 가설을 주장했습니다. 이것이 바로 제9 행성 가설입니다.

그는 시뮬레이션을 만들어서 제9 행성의 질량과 궤도를 좁혀 나갔으며, 2021년에 발행된 논문에 따르면 질량이 지구의 6.2배로 궤도의 경사가 다른 행성의 궤도에서 16도로 기울었고, 태양에서의 거리는 300AU~380AU일 확률이 가장 높다고 계산했습니다.

이제 망원경을 들여다보며 발견할 일만 남았다고 생각했더니 거리가 너무나 멀어서 현재 관측 기술로는 한계가 있어, 측정이 불가능하므로 제9 행성을 발견하기까지는 시간이 좀 걸릴 것 같습니다.

한편, 반대 의견도 다수 존재하는 것이 사실이지요. 해왕성 바깥 천체의 궤도가 보여주는 현상이 가설의 계기가 되었지만, 해왕성 바깥 천체 자체의 관측이 어렵기 때문에 그 현상을 따르는 천체밖에 발견할 수 없다는 의견도 만만치 않죠. 실제로 2021년에는 해왕성 바깥 천체의 궤도의 현상은 애초에 존재하지 않는다고 주장하는 논문까지 출간되었습니다.

이 논쟁을 끝내려면 역시 제9 행성을 발견하는 수밖에 없겠지요. 10년 후에는 교과서에 태양계 제9 행성이 실려 있을지도 모르겠군요. 그때 여러분과 함께 가장 먼저 낙하할 것을 약속하지요.

"아홉 번째 태양계 행성에 낙하할 날이 몹시 기다려지는군!"

63

위험 레벨

초극한 환경에서 플라스마화 한다?
1천 500만 도에 2천억 기압,

만약에 1,500만°C의 뜨거운 태양에 사람이 떨어지면?

30억 년 넘는 긴 시간 동안 때로는 다정하게, 때로는 엄하게 지구의 생명체를 지켜 온 어머니 같은 별, 태양. 우리 주위의 생명체 대부분은 태양이 뿜어내는 에너지에 의존하고 있지요.

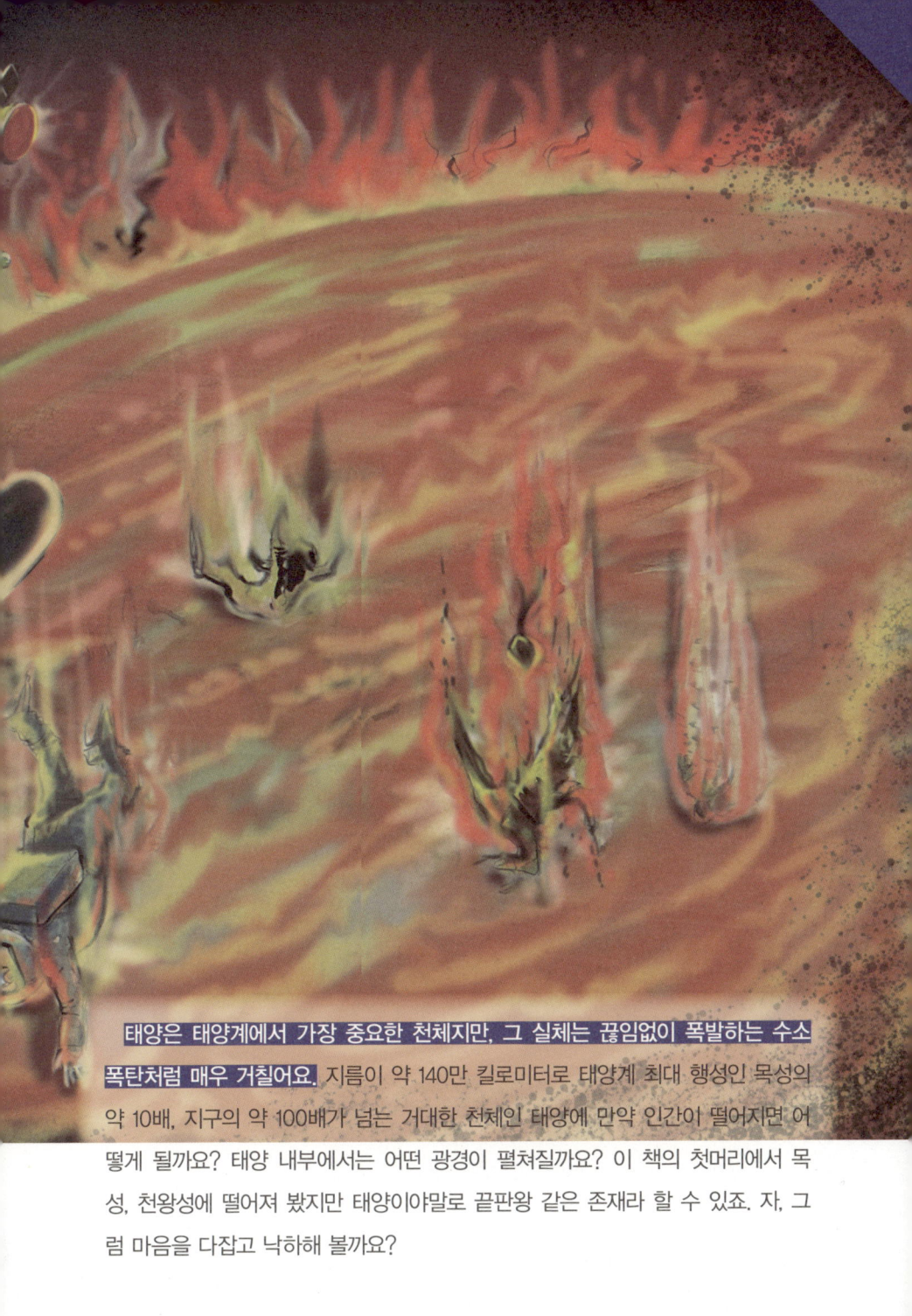

태양은 태양계에서 가장 중요한 천체지만, 그 실체는 끊임없이 폭발하는 수소 폭탄처럼 매우 거칠어요. 지름이 약 140만 킬로미터로 태양계 최대 행성인 목성의 약 10배, 지구의 약 100배가 넘는 거대한 천체인 태양에 만약 인간이 떨어지면 어떻게 될까요? 태양 내부에서는 어떤 광경이 펼쳐질까요? 이 책의 첫머리에서 목성, 천왕성에 떨어져 봤지만 태양이야말로 끝판왕 같은 존재라 할 수 있죠. 자, 그럼 마음을 다잡고 낙하해 볼까요?

 1,500만°C의 뜨거운 태양에 사람이 떨어지면?

끝판왕 같은 존재!
이글이글 불타는 태양에 떨어지면?

지구에서도 여름이면 태양이 많이 비추는 곳에 서 있기란 정말 곤혹스러워요. 태양에서 700만에서 1천만 킬로미터 주변에 다가가면 태양의 대기라 하는 코로나* 속으로 돌입합니다. 그 온도는 무려 100만 도를 넘죠.

100만 도라고 하면 모든 물질이 한순간에 증발해 버릴 것 같지만, 실제로 코로나 속 입자는 밀도가 낮아서 위험한 상황에 이르기까지 시간이 걸린답니다. 70도의 욕조에서는 금방 화상을 입지만, 똑같은 70도 사우나에서는 짧은 시간이라면 위험하지 않은 것과 같아요. 하지만 오랜 시간 코로나에 머무는 건 위험하죠. 이번에는 바이언스 슈트를 입고 있어서 여유가 있지만요.

태양에서 방출되는 방사선도 지구 위에 있는 것과는 비교할 수 없습니다. 하지만 바이언스 슈트 덕분에 방사선의 위험에서도 대단히 안전하지요. 좀 더 태양 표면으로 접근해 볼게요. 태양에 다가갈수록 태양 표면이 폭발하면서 발생하는 플레어와 주위보다 어둡게 보이는 '흑점'을 관찰할 수도 있습니다.

이런 광경에 사로잡혀 있는 사이에도 점점 태양 표면으로 다가갑니다. 그러면 신기한 일이 일어나지요. 놀랍게도 태양에 다가갈수록 온도가 낮아지는 게 아니겠어요?

태양 표면에서 고도 1만 8천 킬로미터 시점에서 100만 도였던 온도도 고도 2천 500킬로미터 부근에서는 대략 수만 도로, 더욱더 다가가면 더 내려가서 가장 온도가 낮은 곳이 5천 도가 되죠.

● 코로나 – 태양 대기의 가장 바깥층에 있는 얇은 가스층으로 온도는 100만 도 정도로 매우 높다. 코로나는 개기 일식 때 태양의 광구가 달에 가려지면서 그 둘레의 백색으로 빛나는 부분을 맨 눈으로 관찰할 수 있다.

제 1장 아찔한 우주편

온도, 중력, 압력……
모든 면에서 최대급

이리저리 살펴보는 사이에 태양의 표면인 광구에 도달했군요. 이때 온도는 대략 5천500도. 바이언스 슈트가 없다면 한순간에 증발해 플라스마화 합니다. 또 중력도 강해서, 태양 표면의 중력은 지구 표면의 약 28배. 당연히 인간이 견뎌 낼 리 없지요.

태양의 표면이라고 하지만, 사실은 지구처럼 명확한 지면이 있는 게 아닙니다. 우리 눈에 보이는 태양 표면은 단순히 빛이 통과하지 않는 경계선에 지나지 않아요. 그러므로 우리는 거의 아무런 저항도 하지 못하고 태양 내부를 향해 계속 낙하합니다.

깊이가 100킬로미터에서 500킬로미터 정도에 이르는 광구를 지나면 대류층, 나아가서 복사층에 도달합니다. 이 지점에서 온도는 200만 도를 넘어 낙하하면 할수록 더욱 올라갑니다. 압력도 대략 1억 기압에 이르지요.

의외로 복사층 안은 깜깜할 거예요. 수소와 헬륨 원자의 밀도가 대단히 높아져, 빛이 눈에 닿기 전에 다른 원자에 부딪혀 산란해 버리기 때문이죠.

초고온, 초고압에 더해서 칠흑 같은 어둠 속에서 이글이글 타오르는 지옥은 대략 50만 킬로미터에 걸쳐 계속됩니다. 만약 바이언스 슈트가 파손되면 우리는 한순간에 증발해 버리겠지요. 지금 우리는 바이언스 슈트 덕분에 살아 있다는 걸 잊지 말아요.

 1,500만°C의 뜨거운 태양에 사람이 떨어지면?

마침내 핵에 도달!
끊임없이 폭발하는 핵융합 폭탄

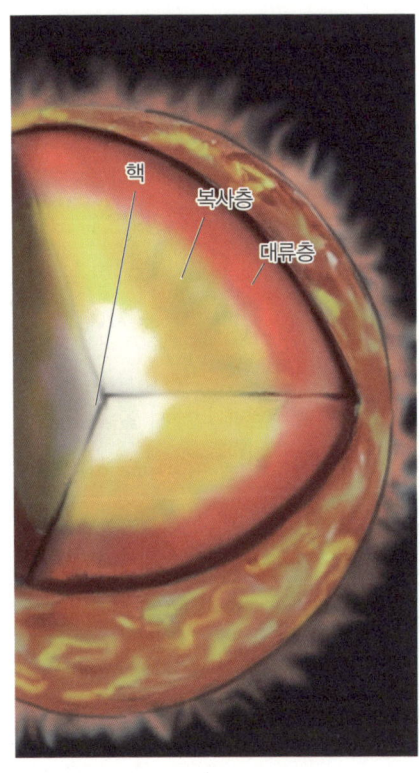

핵 / 복사층 / 대류층

축하합니다. 드디어 태양의 핵에 도달한 것 같군요. 태양 중심부의 온도는 1500만 도에 이르고 압력은 2000억 기압이 넘습니다. 또 강한 중력 때문에 밀도는 1세제곱센티미터(cm^3)당 약 150그램. 덧붙이면 무거운 원소로 알려진 금의 밀도는 1세제곱센티미터(cm^3)당 19.32그램이죠.

이 같은 거센 환경에서는 우리 세계를 구성하는 원자조차 불안정해집니다. 보통 상태에서는 플러스를 띠는 원자핵끼리 가까워지면 강한 반발력이 생겨서 원자핵이 충돌하지 않지만, 태양 같은 항성의 핵에서는 너무나도 높은 압력과 밀도 때문에 원자핵끼리 충돌할 만큼 가까워지죠.

그래서 현재 태양의 핵에서는 수소 원자끼리 충돌하며 헬륨과 막대한 에너지가 만들어져요. 이 현상을 핵융합이라고 하는데, 인간이 만들어 낸 수소 폭탄과 원리가 비슷해요. 즉 태양은 끊임없이 폭발을 계속하는 거대한 핵융합 폭탄이나 다름없는 거죠.

초당 수소 약 6억 톤을 소비해 전 세계 인류가 약 100만 년 동안 사용할 수 있는 에너지가 빛이라는 형태로 방출됩니다. 이 세상 것이라고는 생각할 수 없는 가혹하기 그지없는 무서운 곳이지만, 이 핵이 있기 때문에 지구상에 생명이 탄생하고 번

제 1장 아찔한 우주편

영해 온 것은 틀림없지요.

그런데 이렇게 생겨난 빛도 곧 주위의 원자와 충돌해 사라져 버립니다. 일설에 따르면 태양의 핵에서 생겨난 빛이 대류층에 도달하기까지는 17만 년 정도 걸린다고 합니다. 원래라면 빛은 2초 정도면 태양의 핵에서 표면까지 도달할 수 있을 텐데, 원자에 충돌해 산란하면서 조금씩 나아가기 때문에 정신이 아득해질 만큼 긴 시간이 걸리는 것이죠.

1500만 도를 넘는 고온과, 2000억 기압이나 되는 압력이 작용하는 환경에서는 아무리 바이언스 슈트를 입었다고 해도 무슨 일이 일어날지 몰라요. 낙하를 일단 멈추고 빨리 지구로 돌아가세요. 여유 부리다간 플라스마까지 분해될지 모르니까요.

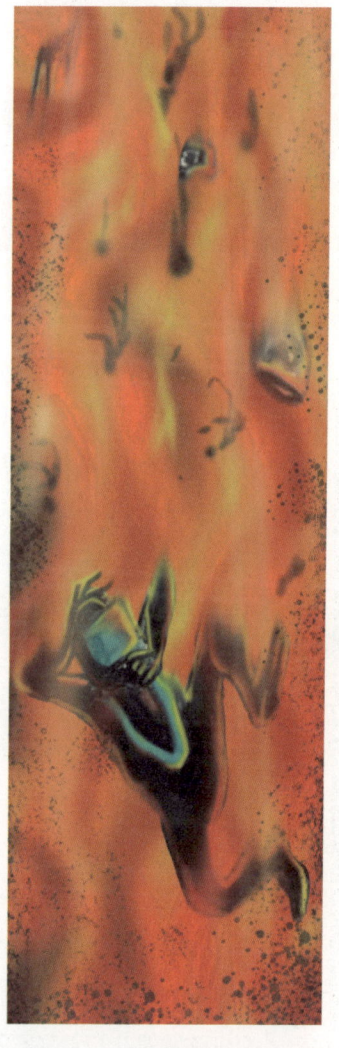

"이번 태양 편에 등장하는 코로나는 지구를 떠들썩하게 한 코로나바이러스와는 관계없으니까 안심하라고."

69

COLUMN

바이언스 생존 전략

벼락 맞고도 살아남는 법

일본에서는 연간 약 50만 건의 낙뢰가 보고되고 그중 백 수십여 건이 사람이나 건물, 중요한 구조물 등에 피해를 입히고 있어요.

백 수십여 건 중 연간 40건 정도는 사람에게 직접 영향을 미치죠. 하지만 일상 생활을 하며 벼락에 맞을 확률은 약 0.000001퍼센트 이하라고 합니다. 확률만 보면 그다지 걱정하지 않아도 될 것 같지만 매년 낙뢰 때문에 사망하는 사람이 있는 것 또한 사실이지요.

만약에 우리가 바이언스 슈트를 입지 않고 있을 때 낙뢰를 맞는다면 어떻게 살아남아야 할까요? 전류는 몸속을 흐르는 체내 전류와 몸의 표면을 흐르는 연면 방전의 두 가지로 분류됩니다. 낙뢰로 사망에 이르는 사고의 대부분은 체내 전류에 의한 것이죠. 체내 전류는 인간의 장기에 전기 쇼크를 주는데, 전류의 크기와 흐른 시간에 따라 심폐 정지 상태가 되기도 합니다. 심폐 정지 때 전기 쇼크를 주어서 심장이 다시 뛰도록 하는 치료가 있는데 낙뢰의 경우는 그 반대이지요. 그때까지 움직이던 심장이 전기 쇼크로 정지해 버리는 것이니까요. 이때 곧바로 심폐 소생술을 하면 목숨을 건질 확률이 높고, 실제로 목숨을 구한 사례가 여러 건 있습니다. 낙뢰 사고 사망률에 대해서는 보고 의무가 없으므로 통계가 다양해서 30~80퍼센트, 90퍼센트까지 폭이 넓은데, 직격뢰(뇌운에서 어떤 물체를 직접 습격했을 때의 낙뢰)는 약 70퍼센트 이상이 사망한다는 통계가 있습니다.

그러면 낙뢰를 맞아도 살아남는 건 어떤 경우인 걸까요? 2006년 일본구급의학학회 총회에서 국립병원기구재해의료센터, 고쿠시칸대학이 공동으로 낙뢰에서 살아남은 사례와 사망한 사례를 연구해 발표했습니다. 비슷한 장소에서 벼락을 맞은 두 피해자 중 한 사람은 살아서 퇴원하고 다른 한 사람은 사망한 이유를 고찰한 것입니다.

  우선 두 사람은 같은 벼락으로 피해를 봤고, 구급대가 도착한 시점에는 둘 다 심폐 정지 상태였으며, 구급 호송 중에 심폐 소생술을 실시했습니다. 몸에 맞은 전류를 정확히 알기는 어렵기 때문에 의사들은 피부에 나타난 리히텐베르크 무늬(나뭇가지 모양, 번갯불 모양 등의 피부 홍반)가 퍼진 모양과 방향을 통해 전기의 흐름을 예상하고 연구했지요. 그 결과 살아남은 사람은 몸에 흐른 전류가 주머니에 든 휴대전화에서 바깥쪽으로 방전된 흔적이 있었다고 합니다.

제2장

뭐라고요? 거대한 동물의 입 속에 들어가 보고 싶다는 게 정말이었군요! 취향도 정말 별나네요. 그럼 원하는 대로 '아찔한 생물편' 여행으로 모셔다 드리죠!

아 찔 한
생 물 편

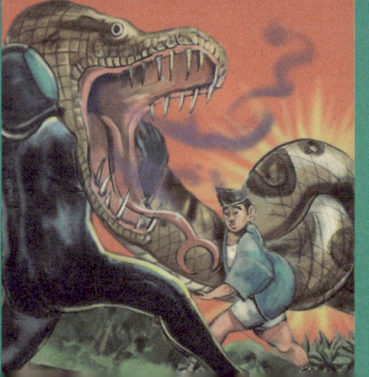

위험 레벨

만약에 8.8m, 249kg 의 아나콘다의 몸을 매듭짓듯 묶으면?

간단히 풀린다고?!
매듭을 지어도

몸길이 약 8.8미터, 체중 약 249킬로그램, 지름 약 30센티미터……. 전봇대 이야기가 아닙니다. 바로 세계에서 가장 큰 뱀 아나콘다에 대한 이야기죠. 아나콘다는 남아메리카의 밀림에 서식하며 평소에는 강이나 늪 지대에 몸을 숨기고 있습니다. 다 자란 아나콘다는

사슴이나 카피바라는 물론이고 악어, 재규어까지도 잡아먹습니다.

물론 인간도 예외는 아니어서 피해를 당한 사례도 있습니다. 아나콘다는 독이 없으며 포획한 사냥감을 강력한 힘으로 조여서 죽이고 통째로 삼켜 버립니다. 큰 사냥감이라면, 소화하는 데 몇 개월이 걸려서 그동안은 아무것도 먹지 않아도 살아갈 수 있지요.

먹이를 먹은 뒤에는 소화하기 위해서 거의 움직이지 않습니다. 드디어 기회가 찾아왔네요. 바로 그때 아나콘다의 긴 몸을 매듭짓듯 묶어 버리면 어떻게 될까요? 몸이 엉킨 채 죽어 버릴까요?

 8.8m, 249kg 아나콘다 몸을 매듭짓듯 묶으면?

매듭을 스스로 푸는 아나콘다 몸의 비밀은?

결론부터 말씀드리죠. 뱀을 얕봐서는 안 됩니다. 아나콘다를 마취시켜서 단단히 묶어 봤자 눈을 뜬 순간에 매듭은 스르르 풀려 버립니다. 만약 마취하지 않았을 경우, 성장한 아나콘다에게 몇 명이 떼를 지어 달려들어도 저항하면 매듭도 만들지 못할 가능성이 커요. 사냥감을 조여서 죽이는 아나콘다의 압력은 인간의 가슴에 버스가 올라선 것과 같죠. 섣불리 묶으려 들다가는 우리 몸이 세게 졸려서 통째로 먹혀 버립니다.

아나콘다는 어떻게 해서 매듭으로 묶인 몸을 간단하게 풀 수 있을까요? 그 비밀은 경이로운 몸의 구조에 있습니다.

우선 두드러진 건 척추, 즉 등뼈의 개수입니다. 인간의 척추는 경추(목뼈) 7개, 흉추(등뼈) 12개, 요추(허리뼈) 5개, 천추(엉치뼈) 1개, 미추(꼬리뼈) 1개로 총 26개의 뼈로 이루어져 있습니다(사람마다 표준 개수가 차이 나는 경우도 있어요). 그런데 뱀의 척추는 체부(척추동물에서 몸의 중심이 되는 주요한 부분)와 미부(동물의 꼬리 부분) 두 부분뿐이지요.

게다가 뼈의 개수가 많은 종은 600개나 됩니다. 이렇게 많은 뼈 덕분에 몸의 모든 부분이 구부러지는 것이죠

또 몸을 큰 각도로 구부려도 관절이 어긋나는 법이 없습니다. 바로 뱀 등뼈의 이음새에 있는 장치 때문이죠. 인간의 척추를 잇는 건 평평한 모양의 추간판입니다. 이음새가 평평하기 때문에 관절이 구부러지는 각도에 어느 정도 한계가 있지요.

한편 뱀의 척추는 한쪽이 볼처럼 둥근 모양, 다른 한쪽은 소켓 모양인 데다 척추 뼈끼리 다섯 군데에서 이어져 있습니다. 이 덕분에 수평 수직으로 자유롭게 움직이고, 척추가 심하게 뒤틀려서 신경이 상할 일도 없죠. 이런 척추 구조 덕에 뱀은 유연함과 튼튼함을 모두 갖췄습니다. 이야기를 되돌리면 아나콘다를 매듭짓듯 묶어 봤자 관절이 어긋나거나 풀지 못할 일은 없습니다. 물론 탈골될 정도로 세게 묶는다면 이야기가 달라지지만, 성장한 아나콘다를 탈구 골절시키기는 상당히 어렵겠지요.

제 2 장 아찔한 생물편

아나콘다를 제압할 수 있는 건 아나콘다뿐……

덧붙이면 성장한 아나콘다에게는 적수가 거의 없지만, 자연계에 유일하게 그들을 조여 죽일 수 있는 생물이 있습니다. 바로 다른 아나콘다죠.

2012년 브라질에서 확인한 사례를 보면, 7미터 정도의 거대한 암컷 아나콘다가 교미 후에 수컷을 조여서 죽이고 숲으로 끌고 들어가 버렸습니다. 사랑의 힘이 지나치게 강한 게 아닌가 하는 생각도 들지만, 아무래도 이 사랑은 상대 수컷이 아니라 뱃속의 새끼와 자신을 향한 것 같네요.

암컷 아나콘다는 임신하면 새끼를 낳을 때까지 7개월 동안 아무것도 먹지 않습니다. 그동안 암컷은 체중의 무려 30퍼센트를 새끼를 위해 소비하므로 교미 상대인 수컷은 임신 중에 필요한 소중한 단백질 원인 거죠. 그 밖에도 지금까지 암컷이 수컷을 잡아먹는 장면이 여러 번 관찰된 걸 보면, 이는 아나콘다에게 그리 특별한 일도 아닌 듯합니다.

결론을 요약하면, 정글 속에서 연약한 존재인 우리 인간은 아나콘다 앞에 쓸데없이 나서서는 안 됩니다.

"아나콘다는 거대한 사냥감을 삼킬 때 질식하지 않도록 호흡 기관을 혀 위로 밀어 놔서 숨을 계속 쉴 수 있다고 해!"

만약에 지구에 바퀴벌레가 사라지면?

늘어나는 쓰레기 탓에 식물도 타격을 입는다고?!

위험 레벨

인류가 몹시도 싫어하는 바퀴벌레가 지금 인류를 위해 일하고 있습니다. 중국 산둥성의 음식물 쓰레기 처리센터에서는 약 3억 마리의 이질바퀴를 사육하는데, 이 바퀴벌레가 하루에 무려 15톤 정도나 되는 음식물 쓰레기를 처

리하고 있습니다. 더욱이 이 바퀴벌레를 단백질 사료로도 이용하지요. 근처 주민들은 바퀴벌레가 도망쳐 나오지 않을까 걱정하지만, 처리센터는 이 '의욕적인 노동자'를 도망가지 못하게 할 방법이 있는 것 같더군요. 이야기를 들어 보니, 바퀴벌레가 도망가려고 벽에 기어오르면 물이 분사되어 풀장으로 떨어져 물고기에게 먹히는 구조라고 합니다. 하지만 '어쨌든 멸종했으면 좋겠어!' 하고 바라는 사람도 있을 거예요. 바이언스 슈트를 사용해서 멸종시켜 볼까요?

 지구에 바퀴벌레가 사라지면?

음식물 쓰레기 처리, 의학 발전에 공헌 중요한 역할을 하는 바퀴벌레

바퀴벌레는 지금까지 약 4천600종이 발견되어 등재되어 있습니다. 그런데 이 중 '해충'으로 인식되는 건 불과 1퍼센트 미만이고, 바퀴벌레 대부분은 숲속에서 고요히 서식하며 인간의 눈에 거의 띄지 않습니다.

해충 바퀴벌레의 경우는, 바퀴벌레가 멸종하면 이 세상에서 더 이상은 볼 수 없기 때문에 불쾌한 생각이 들 일도 없을 거예요.

한편 최근 연구에서 콘크리트 숲에 사는 곤충들이 도시의 쓰레기를 분해해 준다는 사실이 밝혀졌더군요. 예를 들면, 뉴욕 브로드웨이의 한 지구에서만 연간 1톤 가까운 음식물 쓰레기가 야생 바퀴벌레 등에 의해 분해되고 있다고 합니다. 바퀴벌레 없는 세상에서는 도시의 쓰레기가 지금보다 늘어날지도 모르겠군요.

또 바퀴벌레는 약리학, 면역학, 분자생물학 등의 분야에서 실험 동물로 쓰입니다. 베르타 샤러 박사는 바퀴벌레 연구에서 출발해 새로운 학문 분야인 신경내분비학을 탄생시켜 1938년에 노벨상 후보에 오르기도 했지요. 이런 새로운 발견도 바퀴벌레 멸종으로 크나큰 손해를 입을 수 있습니다.

더욱 심각한 건 우리 눈에 띄지 않는 자연 속 바퀴벌레들이 사라지는 거예요. 예를 들면, 사실 삼림에 서식하는 바퀴벌레는 죽은 동물이나 초목, 대변 등의 훌륭한 분해자입니다. 아마존강 유역에서는 바퀴벌레 무리가 1년 동안 떨어지는 나뭇잎의 5.6퍼센트를 처리한다고 합니다.

최근 연구에서는 바퀴벌레 체내에 있는 미생물이 지구 환경을 보전하는 데 도움이 된다는 사실이 밝혀졌어요. 그들은 생물에게 꼭 필요한 영양소인 질소를 토양으로 되돌려 놓는 역할을 합니다. 이런 기능이 상실되면 식물의 생육에 필요한 토양을 제대로 만들지 못해, 결국은 그 식물을 먹는 상위 동물도 큰 타격을 입겠지요.

또 사막에서도 바퀴벌레가 중요한 역할을 합니다. 애리조나주 남부에 서식하는

제 2 장 아찔한 생물편

바퀴벌레는 유카(북미가 원산지인 백합과의 상록 관목의 총칭)라는 식물의 꽃가루를 전달하는 매개자이기도 하지요. <mark>바퀴벌레가 멸종하면 꽃들도 사랑의 큐피드를 잃어 함께 사라질 운명에 처하겠지요.</mark> 열대 지역의 바퀴벌레 중에도 가루받이를 도와주는 종이 있는데, 꽃들도 바퀴벌레와 함께 사라질 거예요. 덧붙이면 일본에서도 숲에 서식하는 바퀴벌레가 '나도수정초'라는 식물의 씨앗을 퍼트리는 역할을 한다고 알려져 있지요.

마지막으로 바퀴벌레라는 '고품질 고기'가 사라져 버리는 것도 중대한 문제입니다. 현재 바퀴벌레는 파충류, 양서류, 어류, 조류, 소형 포유류의 중요한 단백질원이 되고 있어요. 실제로 바퀴벌레의 육질은 우리가 자주 먹는 닭고기의 세 배 가까운 단백질을 함유하고 있어요. 여러 생태계를 지탱하고 있는 소중한 음식물이 갑자기 사라지면 그 영향으로 동물과 식물, 곤충의 종이 줄어들고 최악의 경우에는 다양한 종이 멸종할지도 모릅니다.

바퀴벌레가 생태계에서 얼마나 중요한 위치를 차지하는지 본격적으로 조사하기 시작한 건 극히 최근의 일이에요. 실제로 미분류된 바퀴벌레가 지금까지 발견된 것보다 세 배나 많다고 합니다. 따라서 앞으로 바퀴벌레가 중심인 연구가 늘어나서 혐오하던 바퀴벌레의 고마움을 알게 될 일도 많아질 것 같군요.

"바퀴벌레는 머리가 없어도 살 수 있긴 한데, 시간이 지나면 결국 죽는대!"

위험 레벨

물 밑으로 가라앉는다!
온통 물어뜯겨 고통스럽게

만약에 사람이 피라냐 떼가 헤엄치는 수영장에 들어가면?

남아메리카 대륙의 아마존은 신비로운 풍경이 펼쳐지는 곳이에요. 여기에 무시무시한 사냥꾼들이 꿈틀대고 있지요. 거대한 아나콘다나 검은카이만 같은 악어 무리와 사냥감을 감전시키는 전기뱀장어가 득실대거든요.

그런데 약육강식이 판을 치는 피 튀기는 싸움터인 밀림에서 유달리 사나운 포식자로 악명을 떨치는 물고기가 있습니다. 바로 피라냐입니다. 때로는 악어도 공격할 정도로 흉포한 물고기로 알려진 피라냐는 아마존이 배경인 액션 영화에 항상 등장하기도 하죠. 그럼 만약에 인간이 굶주린 피라냐가 떼 지어 헤엄치는 수영장에 뛰어든다면 어떻게 될까요? 한순간에 뼈만 남을까요?

 만약에 사람이 피라냐 떼가 헤엄치는 수영장에 들어가면?

피라냐는 의외로 겁이 많은 생물이다?!

피라냐라고 하면 수백 마리가 떼를 지어 사냥감을 물어뜯어 뼈만 남겨 버리는 물고기를 떠올릴 거예요. '대단히 공포스러운 열대어'라는 흉포한 이미지가 깊이 뿌리내린 데는 1953년 이탈리아와 독일의 합작 다큐멘터리 영화 〈녹색의 마경(Green magic)〉에서 송아지가 무수한 피라냐 떼에 공격당하는 장면이 한몫했지요. 그러나 현실 속 피라냐의 실제 모습은 상당히 다르답니다.

웬걸, 피라냐는 본래 겁이 많아요. 떼를 지어 생활하는 것도 겁이 많은 성격 탓이고, 인간을 공격하는 일도 상당히 드물답니다. 아마존강 유역의 아이들은 날마다 피라냐가 우글거리는 강에서 놀지만 피라냐의 공격을 받는 일은 드물어요. 피라냐는 아마존에서 무적의 제왕은커녕, 오히려 강돌고래나 수달과 새, 어부 등 많은 천적의 표적이 되죠.

그런데도 피라냐가 아마존에서 이토록 위세를 떨치는 건 바로 특이한 이빨 때문이지요. 피라냐는 칼날같이 얇은 삼각형 모양의 이빨을 가졌는데, 아마존 주민이 면도칼 대신 사용할 정도로 날카롭죠. 또 턱은 사냥감의 살을 한입에 물어뜯을 정도로 강한 힘을 가졌어요.

건강한 몸이라면 문제없지만 상처가 나 있다면……

만약 인간이 피라냐가 우글거리는 수영장에 뛰어든다면 어떻게 될까요? "가엾게도 한순간에 뼈만……" 하며 공포스러운 장면을 떠올리기 쉽지만, 건강한 상태라면 아마 아무 일도 일어나지 않을 거예요. 그러나 베인 상처 등으로 조금이라도 출혈이 있다면 이야기가 완전히 달라지겠지요.

탁한 아마존강에 서식하는 피라냐들은 물속에서는 시야가 어두워 후각을 사용

제 2 장 아찔한 생물편

해서 냄새로 사냥감을 구분합니다. 특히 피 냄새에는 이상하리만큼 민감해서, 소량의 혈액이라도 무리 전체가 흥분해서 손쓸 수 없을 만큼 사납게 변합니다.

출혈이 없다 해도 피라냐가 사냥감으로 인식하면 상당히 위험한 상황이 발생할 수 있어요. 한 수족관의 사육 담당자가 피라냐 전시 수조 가장자리에 무심코 손을 댔다가 손가락 하나를 절반 정도 물어뜯긴 사고도 있었습니다. 피라냐가 사육 담당자의 손가락을 평소에 먹는 먹이로 착각했던 모양입니다.

자, 피라냐가 우글거리는 수영장으로 GO!

이런 사실을 알았으니 드디어 피라냐가 우글거리는 수영장에 뛰어들어 봅시다. 이왕이면 피라냐의 종류에도 욕심을 조금 내 볼까요? 피라냐 중에서도 성격 사납기로 유명한 피라냐 나테리(Pygocentrus nattereri)를 수영장에 풀어 놓습니다. 미리 실험 대상자를 난도질해서 피투성이로 만들어 두었다가는 도덕적으로 문제가 생길 테니 바이언스 슈트에 혈액을 골고루 발라 두는 건 어떨까요? 그러면 아무도 다치지 않고 피라냐들을 흥분시킬 수 있잖아요.

85

 사람이 피라냐 떼가 헤엄치는 수영장에 들어가면?

우리가 수영장에 들어가자마자, 피라냐는 피 냄새를 감지합니다. 무리는 곧 흥분에 휩싸이고 피라냐 떼의 격렬한 움직임 탓에 수면에는 단숨에 거품이 일겠지요. 흥분한 피라냐들은 살을 조금이라도 많이 물어뜯으려고 달려들겠지요. 피라냐는 물어뜯은 살점을 씹지 않고 통째로 삼킬 수 있어서 살점을 물어뜯자마자 곧바로 한 입 더 물어뜯습니다.

한편 우리는 피라냐에게 물어뜯길 때마다 둔한 충격과 날카로운 통증을 느끼겠지요. 그런 감각을 느끼는 것도 한순간. 곧바로 온몸의 중요한 신경을 포함한 살점을 모두 먹혀서 감각마저 사라지겠죠. 이렇게 해서 뼈만 남은 몸은 부력을 잃고 수영장 바닥으로 가라앉고 조금 전까지의 소란이 마치 거짓말인 양 수면은 다시 고요해질 거예요. 예상외로 싱겁게 끝났네요.

늘어나는 피라냐 사고, 원인은?

사실은 요즘 들어 피라냐로 인한 사고가 자주 발생하고 있습니다. 2013년에는 아르헨티나 중부의 로사리오 근교를 흐르는 파라나강에서 물놀이 하던 70여 명이 갑자기 나타난 피라냐 떼에게 공격을 당했습니다. 다행히 사망자는 없었지만 7세

제 2 장   아찔한 생물편

여자아이가 손가락을 물어뜯기는 등 큰 부상을 입었다고 해요. 또 2012년과 2015년에도 브라질의 파라주에서 한 아이가 피라냐에게 공격당해 목숨을 잃었지요.

본래의 모습은 겁쟁이인 피라냐 때문에 왜 이런 참혹한 사고가 일어났는지 분명하게 밝혀지지는 않았습니다. 환경 변화의 영향으로 먹이 공급량이 감소했기 때문이라고 지적하는 환경학자도 있지요. 인간의 활동으로 인해 피라냐가 사납게 변했

고, 마침내는 오히려 인간이 공격당한다고 하면 정말이지 모순된 이야기지요.

이렇게 위험하지만, 사실 피라냐는 담백하고 맛있는 물고기로 현지에서는 귀하게 대접받기도 합니다. 맛이 도미와 비슷하고 세상에나 회로 먹기도 한다네요. 피라냐에 관한 한 역시 먹히는 쪽보다는 먹는 쪽에 있는 사람이 훨씬 행복하겠군요. 앗 설마 먹히는 입장이 되고 싶은 건 아닐 테죠?

"아마존강에서는 피라냐를 손쉽게 낚을 수는 있지만, 낚싯바늘이나 낚싯줄 같은 걸 물어뜯기는 일도 많다고 해."

위험 레벨

만약에 인간이 무성 생식으로 번식하면?

인류는 모두 일란성 쌍둥이, 한 명이 전염병에 걸리면 전멸한다?!

인구수를 늘리려면 아이를 낳는 수밖에 없습니다. 하지만 그러려면 짝을 찾기 위해 애써야 하니, 개체 수를 늘리는 수단으로는 비효율적이라는 결론에 도달하겠지요. 그런데 한편으로 <mark>하나의 개체가 새로운 개체를 낳는 무성 생식으로 수를 늘리는 생물도 많이 있습니다.</mark>

그래서 바이언스 슈트의 힘으로 인류를 개조해서, 무성 생식으로 번식하도록 만드는 건 어떨까요? 인류는 모두 형제라는 말을 넘어서서 인류가 다 일란성 쌍둥이가 되는 거죠. 그러면 세상이 단순해지고 저출산 문제도 자연히 해결될 거예요. 좋은 일만 있을 듯한 이 방법, 망설일 필요도 없겠지요?

 인간이 무성 생식으로 번식하면?

불가능하지는 않지만
쉽지 않은 인간의 무성 생식

무성 생식*으로 개체 수를 늘리는 생물은 세균 등 미생물에 한정된다고 생각할 거예요. 그러나 다세포 생물 중에도 플라나리아와 불가사리는 몸이 잘려도 재생되고, 고구마와 바나나는 꺾꽂이로 개체 수를 늘릴 수 있어요.

무성 생식을 통한 번식은 새롭게 탄생한 개체의 유전자가 부모와 완전히 같은 것이 특징입니다. 척추동물이 무성 생식한 예는 없지만, 특수한 유성 생식이라 할 수 있는 단위 생식으로 번식하는 예는 있습니다.

예를 들면 어류인 귀상어, 파충류인 코모도왕도마뱀, 조류인 칠면조는 모두 암컷이 낳은 무정란이 부화하는 모습이 관찰됐죠. 구조는 달라도 유전적으로 완전히 같은 개체, 클론(특정 유전자형을 갖는 균일한 세포 집단)이 탄생한다는 결론은 같습니다.

한편 포유류에서는 단위 생식으로 번

플라나리아의 절단

식한 예가 관찰되지 않았습니다. 포유류는 유전자를 어느 쪽 부모에게 받았는지에 대한 정보가 유전자 자체에 각인되고, 아버지나 어머니로부터 받지 않으면 제 역할을 하지 않는 유전자도 있습니다. '유전자 각인(Genetic imprinting)'이라는 구조 때문에 만약 단위 생식으로 포유류의 태아가 탄생한다 해도 곧 사망하고 말죠.

하지만 이건 어디까지나 야생에서의 이야기랍니다. 유전자 각인에 관여하는 유

● **무성 생식** – 분열과 출아 등 하나의 개체가 단독으로 새로운 개체를 생성하는 방법.

제 2 장 아찔한 생물편

전자를 인위적으로 제거한 쥐에서는 단위 생식이 가능하다는 연구도 있어서, 윤리적인 이유를 제외하면 인간의 단위 생식도 가능할 수 있어요. 이번에는 더 깊숙이 파고들어, 바이언스 슈트의 능력으로 세균처럼 분열해서 번식하도록 인간을 개조해 볼까요?

실험 대상은 물론 우리입니다. 우리가 무성 생식에 집중하도록 다른 인류는 일단 제외하기로 합니다. 그러고는 낳아라, 늘려라 분열을 반복하면 세상은 나, 아니 우리의 것이 됩니다.

한 쌍을 이룰 상대 없이도 번식할 수 있다는 건 현대 사회에 지친 우리에게는 대단히 단순하고 편한 방법이 아닐까요?

우리의 모든 유전자가 인류 역사상 유례 없을 만큼 광범위하고 많은 개체에 들어가 있는 셈이 됩니다. 생물로서, 유전자로서 이토록 성공을 거둔 사례는 전혀 없지요. 하지만 우리의 천하는 그리 길게 이어지지 않을 거예요. 무성 생식이 효율성 높은 번식 방법인 건 분명하지만, 예를 들면 무성 생식으로 증식하는 세균이라 해도 개체 간에 유전자 교환을 하는 등 클론만 계속 만들면서 끝나지는 않을 테니까요.

고등 생물이 주로 유성 생식으로 번식하는 것도 개체 수를 늘리기보다 유전자를 섞는 쪽이 이점이 크기 때문일 거예요. 그럼, 무성 생식밖에 할 줄 모르는 우리에게는 도대체 어떤 비극이 닥칠까요?

복제 실패의 비극과 전멸 감염

첫 번째 비극은 유해한 유전자가 증가하고 축적되는 것이지요. 우리가 분열할 때 완벽하게 복제를 계속하기는 불가능하거든요. 일정한 확률로 유전자 복제에 실패해서 다른 유전자로 대체되기도 합니다.

만약 그 대체된 유전자가 유해해서 생명 활동에 악영향을 미친다면, 게다가 운 나쁘게 그 유전자가 후세에 전해져서 마침내 모든 개체가 그걸 가진다면……, 아, 이제는 되돌아가지 못합니다. 확률은 대단히 낮지만, 한 번이라도 일어나면 끝이죠. 이 현상은 래칫* 기구같이 한 번 돌기 시작하면 되돌아오지 못한다고 해서 '뮬

91

 **인간이 무성 생식으로 번식하면?**

러의 래칫'이라고 해요. 실제로 인위적으로 유전자 교환을 제한한 단세포 생물에서 유해한 유전자가 증가하고 생명 활동에 지장을 주는 모습이 관찰됐습니다.

인류도 이와 비슷한 상황에 빠진 적이 있습니다. 예전에 전 세계의 왕실에서는 권위를 지키기 위해 근친끼리 결혼해서 자녀를 낳곤 했지요. 따라서 외부의 유전자를 받아들여서 유해한 유전자를 도태시키는 구조가 작동하지 않아, 일부 왕실 사람들은 유해한 유전병에 시달렸습니다. 이집트의 투탕카멘왕은 기형적인 발 때문에 걷기 힘들었다고 해요.

또 한때 유럽에서 절대적인 영향력을 행사하던 합스부르크 왕가에서는 말기에 합스부르크 턱이라고 불리는 부정교합이 흔하게 나타났으며, 합스부르크 왕가의 자녀가 목숨을 잃을 확률은 생활 수준에서 큰 격차가 나는 가난한 농민보다 훨씬 높았습니다.

이들 왕가가 다른 혈통을 받아들이려는 너그러운 태도를 가졌더라면 이런 비극을 막을 수 있었을지도 모르지요. 하지만 클론 주위에 있는 건 같은 유전자를 가진 우리뿐. 한번 돌기 시작한 래칫은 두 번 다시 돌아오지 않습니다. 천천히 그러나 확실하게 우리 아이들을 좀먹기 시작할 거예요.

두 번째 비극은 전염병 같은 환경 변화에 취약해지는 것입니다. 유해한 세균과 바이러스의 입장에서는 한 사람만 감염시키면 인류 모두를 감염시킬 수 있는 셈입니다. 우리에게 특화된 병원균이 탄생하는 것도 시간문제일 테죠.

사실 최근에 비슷한 일이 세계인의 식탁을 위협하고 있습니다. 영양이 풍부해서 많은 사람이 즐겨 먹는 바나나는 캐번디시(Cavendish)라는 씨앗이 없는 품종입니다. 그래서 포기 나누기를 통한 무성 생식으로만 번식할 수 있죠. 따라서 식탁에 올라오는 바나나는 유전자가 같은 클론입니다.

그런데 2010년대부터 그 바나나에 전염되는 무서운 병 신파나마병*이 유행하고 있어서 장래에는 식탁에서 바나나가 사라질지도 몰라요.

과장이라고요? 1950년대까지는 그로미셸(Gros Michel)이라고 하는 품종이 대다

● **래칫**(ratchet) – 어느 한 방향으로 돌지만 반대 방향으로는 돌지 않는 기구.

제 2 장 아찔한 생물편

수를 차지했지만, 다른 종류의 파나마병이 유행해 현재는 거의 멸종해 버렸지요. 캐번디시도 그로 미셸처럼 사라질지 모릅니다. 바나나는 다른 품종을 준비할 수 있었지만, 우리를 대신할 인류는 없습니다.

역시 장기적인 번영에는 다양성이 어느 정도 필요한 것 같지요? 이런, 복잡한 세상은 싫다고요? 괜찮습니다. 피부색과 문화의 차이, 사는 나라나 지역을 둘러싸고 추한 다툼을 벌이다니, 인류가 그토록 어리석을 리는 없잖아요?

- **신파나마병** – 곰팡이의 일종인 TR4가 토양에 잠복해 있다가 줄기로 뻗어나가 수분과 영양을 차단해 바나나 나무를 말라 죽게 하는 풍토병. 캐빈디시는 포기 나누기를 통한 무성 생식으로 번식하므로 유전자가 같은 클론이기 때문에 전염병에 취약할 수밖에 없다.

"무성 생식으로 번식한다면 누구든 다 똑같은 얼굴을 하고 있을 텐데, 왠지 기분이 나빠!!"

만약에 식인 아메바에 감염되면?

위험 레벨

뇌가 흐물흐물 녹아 목숨을 잃을 수도 있다?!

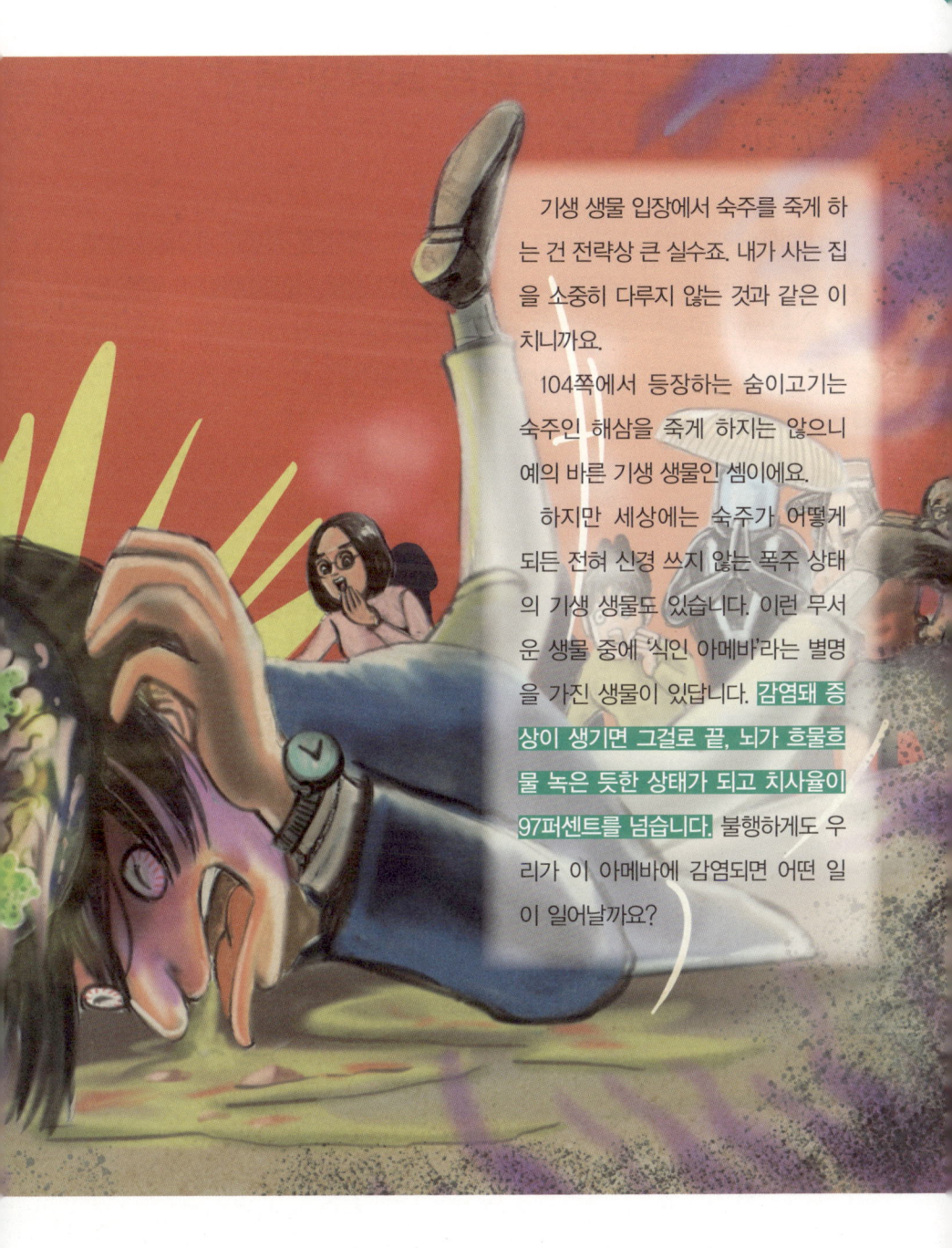

기생 생물 입장에서 숙주를 죽게 하는 건 전략상 큰 실수죠. 내가 사는 집을 소중히 다루지 않는 것과 같은 이치니까요.

104쪽에서 등장하는 숨이고기는 숙주인 해삼을 죽게 하지는 않으니 예의 바른 기생 생물인 셈이에요.

하지만 세상에는 숙주가 어떻게 되든 전혀 신경 쓰지 않는 폭주 상태의 기생 생물도 있습니다. 이런 무서운 생물 중에 '식인 아메바'라는 별명을 가진 생물이 있답니다. 감염돼 증상이 생기면 그걸로 끝, 뇌가 흐물흐물 녹은 듯한 상태가 되고 치사율이 97퍼센트를 넘습니다. 불행하게도 우리가 이 아메바에 감염되면 어떤 일이 일어날까요?

 식인 아메바에 감염되면?

결코 당첨되고 싶지 않은 불행한 복권, 식인 아메바 감염

'식인 아메바'라고 불리는 아메바의 정식 명칭은 네글레리아 파울러리(Naegleria fowleri). 전 세계의 따뜻한 담수 지역에 서식하며 수온이 낮으면 거의 활동하지 않는 휴면 상태가 된다고 알려져 있습니다. 널리 서식해서 연못이나 호수, 깨끗하게 소독되지 않은 수돗물 등 인간과 비교적 가까이에 살기 때문에, 모르는 사이에 접촉할 가능성도 있어요.

평소에는 박테리아를 잡아먹는, 별로 특별한 것 없는 아메바지만 만약 활성 상태에서 인간의 코 깊숙이 침투한다면 원발성 아메바성 뇌수막염이라는 무시무시한 질병을 일으킬 수 있습니다.

1937년부터 2018년까지 81년간 기록된 증례(질병이나 상처가 나타내는 증상의 보기)는 의심 사례까지 포함해 불과 381건. 감염 계기는 물놀이가 많았습니다. 한편 2019년 단 1년 동안 익사한 사람 수는 23만 6천 명으로 추정됩니다. 만에 하나 감염되면 증상이 무섭지만, 그렇다고 해서 아메바를 과도하게 두려워할 필요는 없을 것 같군요. 실제로 활성 아메바가 서식하는 물을 마셔도 증상이 나타나지 않는 게 확인되었고, 증상이 나타난 적이 없는 사람이 아메바에 대한 항체를 가진 사례도 많아서, 원발성 아메바성 뇌수막염까지 이르는 건 불행한 복권에 당첨되는 것과 같으니까요.

그럼 만약에 우리가 당첨되면 어떤 일이 일어날까요? 일본에서도 몇몇 발병 사례가 있었던 데다, 여름철이면 연못이나 호수에서 노는 사람도 무척 많습니다. 많은 양의 물과 함께 식인 아메바가 코 깊숙이 침입하면 어떻게 될까요?

물속에서 박테리아를 잡아먹던 아메바는 갑자기 낯선 공간에 내던져집니다. 그곳은 인간의 콧속 깊숙이 자리한 비갑개(코의 선반을 이루는 나선 모양의 뼈들). 온도가 약 37도로 유지되므로 고온을 좋아하는 아메바는 먹이를 찾기 위해 곧장 활동을 시작합니다.

아마도 아메바는 가까운 점막 아래 있는 후각 신경에 끌려서 증식하면서 점막

제 2 장 아찔한 생물편

완전히 달라져요. 아메바가 신경을 통해서 뇌의 전두엽으로 직접 이동하거든요.

대량의 아메바가 뇌에 도달하면 뇌를 구성하는 신경 세포를 먹이 삼아 더욱더 증식합니다.

아메바는 주위 세포의 세포막을 파괴하는 기능을 가진 단백질을 여기저기 퍼뜨리기 때문에 뇌의 신경 세포가 손상을 입습니다. 원발성 아메바성 뇌수막염의 증상이 나타나는 것이죠.

아메바가 비갑개에 침입하고 나서 1~9일 정도 지난 후에 이 단계에 이릅니다. 증상은 두통, 현기증, 고열, 구토 등으로, 이 시점에서 병원에 간다 하더라도 대부분은 세균과 바이러스로 인한 수막염으로 진단받죠. 원발성 아메바성 뇌수막염은 아메바 전용 검사 외에는 수막염과 구별하는 방법이 거의 없다는 무서운 특징을 가져서, 알게 됐을 때는 이미 손쓸 수 없는 상태에 이르고 말죠. 실제로 환자의 70퍼센트 이상은 사망하고 나서야 병명이 밝혀졌답니다.

운 나쁘게 뇌에 아메바가 침입하면, 우리에게는 더 이상 시간이 없습니다. 정확한 병명이 판명되면 의사는 가족에게 마지막일지도 모르니까 전하고 싶은 말을

속으로 침입하는 것 같습니다. 당연히 인체는 침입자를 막으려 방어벽을 겹겹이 마련할 거예요. 비갑개 내에는 항체가 분비되고 있고, 이물질에 달라붙기도 해서 점막과 접촉하기 어려워집니다. 만일 점막까지 들어온다 해도 이번엔 백혈구의 일종인 호산구가 맞서 싸우지요. 우리가 이 불행에 당첨된 게 아니라면 이 단계에서 아메바를 격퇴할 것입니다. 그러나 아메바가 후각 신경에 도달해 버리면 이야기는

 식인 아메바에 감염되면?

해 주라고 할 거예요. 구체적인 이유는 밝혀지지 않았지만, 실제로 환자 대부분이 젊고 건강한 남성이라는 것도 가족의 슬픔을 더 깊게 합니다.

뇌가 흐물흐물, 살아남는다고 해도 큰 타격

두통과 현기증이 점점 심해지고 환각과 경련 발작도 일어납니다. 급기야 혼수 상태에 이르는 경우도 적지 않지요.

아메바의 침입을 알아차린 면역계가 그것을 격퇴하려고 뇌에서 염증을 일으키기 때문이에요.

하지만 아메바는 면역계의 주요한 공격 수단의 하나인 막공격복합체에 대한 방어책을 가지고 있습니다. 게다가 염증으로 인한 체온 상승은 고온을 좋아하는 아메바에게는 오히려 안성맞춤이죠. 좀처럼 아메바를 격퇴하지 못한 채 시간만 흘러가겠죠.

다만 일반적인 질병과 달리 시간이 흐를수록 사람에게 불리해져요. 충격으로부터 뇌를 보호하기 위해 인체는 두개골이라는 견고한 성을 쌓아 올립니다. 그러나 뇌에 염증이 생기면 그 견고한 성은 결코 무너뜨릴 수 없는 감옥으로 변하지요. 뇌가 압박을 받아 뇌척수액의 압력이 일반 범위의 몇 배에서 몇십 배에 이르기도 합니다.

물론 의료진도 손을 놓고 있지는 않아요. 부작용이 너무 심해서 보통 때는 사용하지 않는 종류를 비롯한 여러 가지 항생제를 다량 투여하고, 인위적으로 체온을 낮추는 뇌저온 요법도 시행하는 등 우리의 생명을 구하기 위해 최선을 다할 것입니다.

하지만 그런다 해도 치사율은 여전히 97퍼센트를 넘어서죠. 결국에는 생존하기 위해 뇌 부위가 손상을 입어 뇌사에 이르고 맙니다. 죽음에 이르기까지 걸리는 시간은 평균 10일입니다.

부검 결과, 아메바가 분비하는 단백질의 작용으로 뇌가 흐물흐물 녹아 반구

제 2 장   아찔한 생물편

<mark>형태를 유지하지 못했다는 보고도 있습니다.</mark>

만약 살아남는다고 해도 대부분 뇌에 손상을 입기 때문에 몇 개월간 재활 치료를 해야만 할 수도 있습니다. 한 8세 남자아이는 기적적으로 살아났지만 <mark>2개월 넘게 재활 치료를 받고도 전혀 말을 하지 못하고, 때때로 온몸에 경련을 일으키는 등 일상생활을 할 수 없을 정도로 뇌 손상을 입었다</mark>고 해요. 안타깝게도 아이는 평생 회복하기 어려울지도 몰라요.

대단히 드문 사례라고는 하지만 건강하기 그지없던 인간의 삶을 한순간에 무너뜨리는 무서운 식인 아메바, 네글레리아 파울러리. 육안으로는 보이지 않을 정도로 작은 이 생물은 오늘도 우리 바로 옆에서 숨을 죽이고 있겠지요. 그리고 다음 번에 검은 마수를 뻗칠 상대는 우리일지도 모릅니다.

"살균하지 않은 수돗물을 따뜻하게 해서 코 세척을 하면 네글레리아 파울러리뿐 아니라 비결핵성 항산균에 감염돼 만성부비동염에 걸릴 수 있어."

만약에 살아 있는 민달팽이를 먹으면?

심각한 후유증으로 사망
1년 이상 혼수 상태에 빠지거나

위험 레벨

비가 그친 밤길, 어둑어둑한 숲 속, 축축한 처마 밑. 녀석들은 어디에서든 나타나죠. 유령을 말하는 거냐고요? 아닙니다. 유령보다 더 기분 나쁜 생물이죠.

네, 맞습니다. 바로 민달팽이예요. 민달팽이는 겉모습 이상으로 생태도 기묘하죠. 자웅동체라서 두 마리가 교미하면 두 마리 모두 알을 낳습니다. 머리에 난 더듬이 중 위의 큰 더듬이 두 개는 시각과 후각을 담당하고, 아래의 작은 더듬이 두 개는 후각과 미각을 담당해요. 모든 더듬이로 냄새를 맡는 걸로도 알 수 있듯이 민달팽이는 후각에 의지해 생활합니다.

그에 비해 시각은 명암만 구별할 정도로 정확도가 낮아요. 이런 민달팽이지만 적어도 일상에서 인간에게 해를 끼치지는 않습니다. 하지만 만약에 인간이 민달팽이를 먹는다면 이야기는 달라지죠. 민달팽이를 먹으면 어떻게 될까요?

 살아 있는 민달팽이를 먹으면?

민달팽이를 먹은 자의 최후는?

2010년 오스트레일리아에 살던 19세의 샘 발라드는 유망한 럭비 선수였습니다. 어느 날 그는 자기 집 정원에서 파티를 열고 마치 어른이 된 듯 친구들과 와인을 마셨지요. 그때 어디선가 민달팽이가 기어 나온 거죠. 친구가 부추기자 장난기가 발동한 발라드는 <mark>민달팽이를 꿀꺽 삼켜 버렸습니다.</mark>

안타깝게도 비극은 잡아 먹힌 민달팽이뿐 아니라 발라드마저 덮쳐 버렸습니다. 며칠 후 발에 통증을 느낀 발라드는 병원에서 광동주혈선충증*이라는 진단을 받았습니다. 즉, 광동주혈선충에 감염되고 만 거죠. 그 후 발라드는 수막염 등 합병증에 시달리며 1년 넘게 혼수 상태였습니다. 다행히 의식은 돌아왔지만 목 아래부터는 전혀 움직일 수 없는 심한 후유증이 남았죠. 24시간 간병이 필요한 상태였던 터라, 가족과 친구들은 재활 치료를 하며 그의 회복을 도우려고 온 힘을 다했습니다. 그러나 민달팽이를 먹은 지 8년 후인 2018년, 발라드는 결국 숨을 거두었습니다.

발라드를 괴롭힌 광동주혈선충은 크기가 2~3센티미터 정도인 기생충으로, 온 세계에 널리 분포하며 일본에서도 증례가 있습니다. 시궁쥐가 주된 종숙주이지만 담수 새우, 게, 개구리 등이 중간 숙주가 돼 사람까지 감염시키죠. 또 달팽이나 민달팽이가 숙주가 되기도 하며, 생야채에 붙어 있는 걸 잘못 먹으면 감염을 일으킵니다. 그러면 광동주혈선충이 붙어 있는 민달팽이를 먹으면 어떤 일이 일어날까요?

먹자마자 바로 어떤 일이 일어나지는 않아요. 그러나 2일에서 35일의 잠복기를 거쳐 증상이 나타납니다. 우선 미열과 심한 두통, 구토, 뇌신경 마비 등이 나

● 광동주혈선충증 – 주로 사람이나 쥐가 육산·담수산 패류 등 중간 숙주 또는 새우·게·물고기·개구리 등 운반 숙주를 먹은 경우에 감염되며, 광동주혈유충에 오염된 채소나 물을 섭취한 경우에도 드물게 감염된다.

제 2 장 아찔한 생물편

타나고, 뒤이어 근력 저하, 감각 이상, 팔다리 통증 등 확실히 예사롭지 않은 증상이 나타날 테죠. 이쯤에서 우리는 민달팽이를 삼킨 걸 몹시 후회하겠죠. 하지만 물은 이미 엎질러졌습니다. 투약으로 기생충을 죽이면 염증을 더 악화시킬 수 있으니 몸의 면역력을 믿어 볼 수밖에 없습니다. 운이 좋으면 앞에서 말한 증상으로 2주일에서 4주일 정도 고생한 후 점점 나아집니다. 그러나 운이 나쁘면 훨씬 더한 비극이 기다리고 있지요. 인간의 체내에 침입한 광동주혈선충은 뇌를 노리고 때로는 뇌 속까지 파고듭니다. 한번 뇌 속에 침입하면 밖으로 나오지 못하고, 뇌 안에서 계속 피해를 입힙니다. 인간의 면역 시스템이 이에 맞서 보지만, 오히려 이 때문에 뇌 속에서 염증이 발생합니다. 이렇게 해서 최악의 경우 죽음에 이르고 말지요.

민달팽이를 먹다니 어리석다고 생각하는 사람도 있을 거예요. 그러나 민달팽이가 지나간 흔적인 끈끈한 점착물에도 이 기생충이 숨어 있답니다. 우리가 먹은 양상추에 작은 민달팽이 자국이 남아 있어도 이상한 일은 아니지요. 따라서 채소는 물로 잘 씻어야 해요.

덧붙여서, 기생충이 없는 민달팽이를 먹으면 어떤 일이 발생할까요? 이때 우리가 생각하는 무서운 일은 일어나지 않습니다. 기분 나쁜 식감이 입안을 가득 채운 후 가여운 한 마리의 생명이 우리의 위 속에서 천천히 소화될 뿐이죠. 아마도 소라를 먹는 듯한 식감일 테죠. 그렇지만 이것 역시 절대로 흉내 내지는 마세요.

"민달팽이를 먹다니 어리석다고 생각하는 거기 너, 소라나 민달팽이나 별로 다를 게 없잖아?!"

103

위험 레벨 !!!!!

만약에 숨이고기가 인간의 항문에 기생하면?

최악의 경우 내장을 잠식한다고?
대변이 계속 마렵고

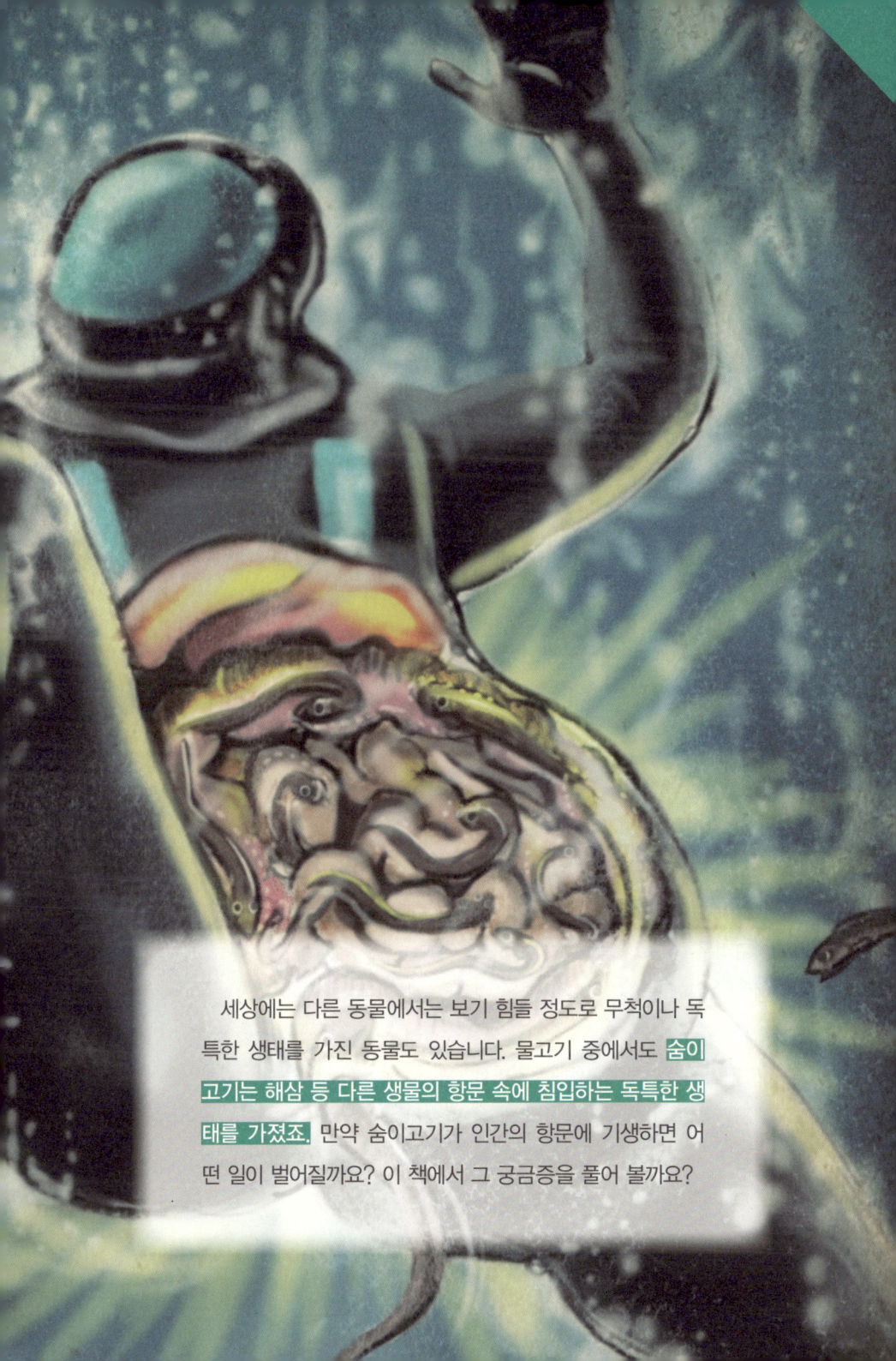

세상에는 다른 동물에서는 보기 힘들 정도로 무척이나 독특한 생태를 가진 동물도 있습니다. 물고기 중에서도 숨이고기는 해삼 등 다른 생물의 항문 속에 침입하는 독특한 생태를 가졌죠. 만약 숨이고기가 인간의 항문에 기생하면 어떤 일이 벌어질까요? 이 책에서 그 궁금증을 풀어 볼까요?

 숨이고기가 인간의 항문에 기생하면?

해삼 항문에 기생해 민폐를 끼치는 숨이고기

숨이고기과에 속하는 물고기는 온대부터 열대의 바다에 널리 분포해 있어요. 숨이고기과의 물고기 종류는 30종이 넘어요. 이들 모두가 다른 생물에 기생하는 건 아니고, 우리가 흔히 아는 평범한 물고기 같은 생태를 가진 종류도 있지요.

대부분은 조개나 불가사리, 해삼 등의 무척추동물과 공생하는데, 그중 주로 해삼의 항문에 기생해서 살아가는 종도 있어요.

그런데 숨이고기는 거리낌 없이 해삼의 항문에 들어가는 걸까요? 숨이고기는 큰 종류라도 전체 길이가 30센티미터로 다소 작고, 몸이 뱀장어같이 홀쭉한 데다 비늘이 거의 없다고 알려져 있어요. 아무래도 부드러운 자신의 몸을 보호하려고 다른 생물의 몸에 들어가도록 진화한 것 같아요.

숨이고기의 생존 전략 자체는 말미잘과 공생하는 흰동가리나, 인간의 장에 서식하는 장내 세균처럼 드문 일은 아니지요. 그러나 지구의 수많은 서식지 중에서

해삼의 항문을 선택하는 생물이 있다는 사실에서 생명의 강인함을 느낍니다.

해삼의 항문에 대한 숨이고기의 집념은 굉장해서 해삼의 항문에서 분비되는 희미한 화학 물질 냄새를 길잡이로 해서 찾아가는 종류도 있습니다. 더욱이 침입하기 전에 해삼의 몸길이를 재거나, 안에 다른 숨이고기가 있는지 확인하는 듯한 행동 등을 하는 걸 보면, 잘 따져보고 나서 거처를 정하는 것 같습니다. 그리고 마음에 드는 해삼을 발견하면, 상상만 해도 식은땀이 날 것 같지만, 머리나 꼬리부터 억지로 몸을 밀어 넣으며 해삼의 몸으

로 들어갑니다.

당연히 이런 행위는 해삼으로서는 대단히 성가신 일이므로 항문에 힘을 줘 저항합니다.

그러나 안타깝게도 해삼은 항문으로 호흡하므로 숨이고기가 그 순간을 놓치지 않고 밀고 들어와 결국 몸속으로 들어가 버립니다.

해삼은 위험을 느끼면 내장을 토해내서 적을 내쫓는데, 신기하게도 항문에 침입하는 물체에 대해서는 방어 반응이 잘 작용하지 않는 것 같습니다.

사실은 공생 관계?

그런데 숨이고기는 왜 해삼의 입이 아닌 항문을 통해 해삼 안으로 들어가는 것일까요?

숨이고기가 해삼의 입을 통해 들어가면 이빨에 긁혀 상처가 날 수도 있겠지요. 그렇다고 하더라도 항문에도 해삼의 똥이 가득 차 있을 텐데 말이죠.

사실 숨이고기와 해삼은 서로 도우며 사는 '공생 관계'입니다. 해삼은 숨이고기가 포식자를 피해 숨을 수 있는 보금자리 역할을 합니다. 숨이고기 습성이 해삼의 호흡과 배변을 돕기도 하지요.

큰 해삼의 경우, 아가미가 아닌 항문에 있는 '호흡수'라는 기관을 통해 숨을 쉽니다. 숨이고기는 해삼의 항문을 들락날락하며 더러운 물이 빠지고 깨끗한 물이 들어오게 하여 호흡이 원활하도록 돕지요. 더욱 더 특이한 점은 해삼이 숨이고기가 아닌 다른 물고기가 들어오거나 위험을 감지하면 '홀로수린(holothurin)'이라는 독을 뿜는다고 해요. 그런데 숨이고기는 어떻게 해삼이 내뿜는 독성분에도 끄덕 없이 해삼 안에서 생존할 수 있는 걸까요? 그것은 바로 숨이고기 피부에서 나오는 점액질 덕분이랍니다. 이 점액질이 해삼 내장의 독인 '사포닌' 성분을 방어하는 역할을 하지요. 게다가 숨이고기는 다른 물고기에 비해 사포닌 성분을 견디는 능력이 약 6~10배 정도 높다고 하니, 이쯤에서 생각해 보면 숨이고기와 해삼은 환상의 짝꿍이 아닐까요?

 숨이고기가 인간의 항문에 기생하면?

상상 이상으로 기괴스러운 숨이고기

이처럼 독특한 생태를 가진 숨이고기가 만약 해삼이 아니라 인간의 항문에 들어간다면 어떤 일이 벌어질까요? 다이어트를 위해 기생충의 일종인 조충에 일부러 감염되는 사람도 있다고 하니, 인간에게 기생하는 동물이 한 종류 더 늘었다고 해도 그리 놀랄 일은 아닐 겁니다.

그런데 안타깝게도 숨이고기가 인간 항문에 들어갈 가능성은 희박합니다. 우선 인간의 항문은 해삼과는 달리 침입할 틈이 거의 없어요. 인간의 내항문 괄약근은 언제나 수축해 있으며, 해삼과 달리 항문으로 호흡하는 일도 없으니 숨이고기가 밀고 들어올 수 없지요.

만약 밀고 들어온다고 해도 직장(큰창자 가운데 구불잘록창자와 항문 사이 부분) 안이 물로 가득 차 있는 게 아니라서 아가미로 숨을 쉬는 숨이고기는 호흡을 하지 못해 곧 죽고 말죠.

하지만 짱뚱어같이 피부 호흡을 하도록 진화된 물고기도 있잖아요. 만약 숨이고기가 피부로 호흡하도록 진화한다면 인간의 항문에서 살 수도 있겠지요. 그러면 어떤 일이 일어날까요?

숨이고기 중에는 해삼 속에 침입한 뒤, 밤이면 밖으로 나와 먹이를 찾는 종류도 있고, 해삼의 내장을 먹기 위해 기생하는 종도 있습니다.

즉 우리는 숨이고기를 하루 동안 몇 번씩 밖으로 내놓았다 들였다 하든지, 내장을 먹히든지 둘 중 하나의 지옥을 맛보게 될 거예요.

==숨이고기는 이빨이 날카로워서 해삼을 뚫고 나오는 모습도 관찰되므로 우리 장에 구멍이 날지도 모릅니다.== 장에 구멍이 나면 최악의 경우, 복막염으로 인해 패혈증이 생겨 사망할 우려도 있으므로 대단히 위험합니다. 숨이고기도 인간이 죽으면 기껏 자리 잡은 보금자리가 사라져 모든 걸 잃고 말 테니 자중해 주기를 바랄 뿐입니다.

그러나 만약 내장을 먹히지 않더라도 인간에게는 대단히 큰 부담일 테죠. 해삼의 머리 부분으로 들어갔던 숨이고기가

제 **2** 장 아찔한 생물편

다시 머리로 나오는 모습이 관찰되는 걸 보면 해삼 속에서 얌전히 있을 리는 없는 것 같습니다.

인간은 직장 속에 뭔가가 있는 걸 감지하면 배변 반사 본능이 작용합니다. 따라서 종일 직장에서 감지되는 것이 숨이고기인지 변인지 판단해야 할 테죠.

게다가 기생하는 숨이고기가 한 마리라고 장담할 수 없고 오히려 두 마리 이상이 같은 생물 속에 서식하기도 합니다. 해삼 한 마리에 숨이고기 15마리가 기생한 극단적인 사례도 있어서 연구자들이 할 말을 잃기도 했어요.

여러 마리의 숨이고기가 한 마리의 해삼에 기생하는 이유는 정확히 밝혀지지 않았지만, 교미를 위해서라는 학설이 가장 유력합니다.

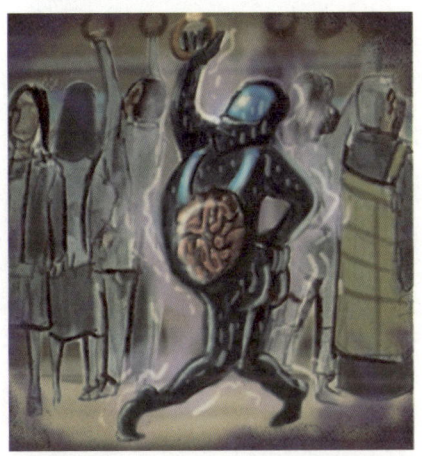

즉 인간은 고독하게 배변 충동을 참고 있는데, 침입한 숨이고기는 물고기 인생에서 가장 즐거운 순간을 보내고 있을 수도 있다는 말이지요.

"네가 넘치는 호기심으로 숨이고기를 항문 속에서 키우고 싶어 한대도, 난 결코 널 홍보지 않을 거야!"

만약에 매머드를 복원시키면?

영웅이 된다고?!
지구 환경을 지키는

위험 레벨

이 책을 읽고 있는 사람이라면 매머드를 알고 있을 거예요. 오늘날 실제로 살아 있는 매머드를 본 사람은 아마도 없을 테죠. 하지만 가까운 미래에는 많은 사람이 매머드를 봤다고 대답할 수도 있어요.

매머드 중에서 가장 유명한 털매머드는 30만 년 넘는 빙하기 동안, 북반구의 드넓은 대지를 누비고 다녔어요. 그런데 약 4천 년 전에 지구상에서 모습을 감추고 말았죠. 인간의 사냥과 기후 온난화, 볏과 식물의 번식으로 매머드의 주식이 줄어들었기 때문이라고 추정해요. 그러나 아직까지 매머드가 왜 멸종했는지 명확하게 알려져 있지 않죠. 만약 멸종한 매머드가 오늘날 부활한다면 어떤 일들이 일어날까요?

만 약 에 매머드를 복원시키면?

현실성 있는 털매머드 복원 계획

미국의 바이오 벤처 기업 컬라슬은 2021년 9월, 털매머드를 복원시켜서 툰드라*에서 살게 한다는 계획을 발표했습니다. 방법은 털매머드와 99.9퍼센트 이상 DNA가 일치하는 아시아코끼리의 유전자를 개조하는 것입니다. 수정 후 아시아코끼리 난자의 DNA 일부를 제거하고, 털매머드의 DNA를 주입하는 것으로 하이브리드(혼종) 털매머드를 탄생시킨다는 이론이지요. 간단한 것처럼 들리지만 사실은 그렇지도 않습니다. DNA의 기본 단위인 염기쌍의 수는 코끼리에서 30억 개. 불과 0.1퍼센트 미만의 차이만 생기더라도 정보량은 엄청나죠.

또 코끼리의 난자를 채취한 성공 사례가 없고, 앞으로 성공한다는 보장도 없습니다. 그 때문에 컬라슬에서는 코끼리의 일반적인 조직 세포를 미분화 상태로 되돌려서 거기서부터 배아로 분화시키는 연구도 병행하고 있습니다.

더욱이 가장 큰 어려움은 수정란을 키울 장소를 찾는 것입니다. 보통은 유전자를 재조합한 배아를 코끼리의 자궁에 착상시켜 키우는 게 타당할 테지만, 아시아코끼리는 개체 수가 매우 적어서 매머드 무리를 만들 만큼 많은 어미 코끼리를 모으는 건 불가능합니다. 그래서 컬라슬은 매머드를 기를 수단으로 비닐로 만든 인공 자궁을 선택했지요. 이전에 인공 자궁에서 쥐나 양을 키운 사례는 있지만 실제로 '출산'한 사례는 없습니다. 게다가 코끼

● **툰드라** – 북극해 연안에 넓게 분포한 동토 지대로, 지면 대부분이 일 년 내내 눈과 얼음으로 덮여 있다.

제 2 장 아찔한 생물편

리는 몸이 커서 배아를 인공 자궁에서 키우는 건 상당히 어려울 것 같습니다.

그런데도 컬라슬의 경영자 중 한 사람이며 유전학자인 조지 처치 박사는 최초의 '하이브리드 매머드'가 불과 6년 후에는 탄생할 거라 예상하고 있습니다. 만약에 이 야심 찬 계획이 만사형통해 매머드 무리가 현대에 재탄생한다면 어떤 일이 일어날지 살펴볼까요?

러시아의 생태학자 세르게이 지모프 박사는 시베리아의 영구 동토가 녹으면 그 속에 있는 메탄이나 이산화탄소 등의 온실가스가 대기 중으로 방출된다는 걸 발견하고, 툰드라에 '빙하기 파크'를 설립했습니다. 현재 들소 등 대형 초식 동물을 그 땅 위에서 누비게 하고 있습니다. 이렇게 하면 쌓인 눈 속의 내부 공기가 빠져나와 지하의 온도가 내려가서 영구 동토가 녹아내리는 걸 막을 수 있다는 것이죠. 그러나 문제도 있었어요. 데려온 동물 대부분이 추운 기후에 적합하지 않았던 겁니다. 많은 동물이 추위를 견디지 못하고 죽어 버렸거든요.

박사는 매머드라면 한랭한 기후에 적응하는 데다 체중도 무거워 이 일에 제격이라는 결론을 내렸습니다. 그와 벤처 기업 컬라슬은 매머드 복원이 성공하면 공원에 데려올 계획도 세웠답니다. 빙하기 파크에서 저벅저벅 눈 위를 활보하며 땅을 다지는 매머드는 관광객을 불러들이는 마스코트가 아니라 지구 환경을 지키는 히어로가 될지도 모르는 거죠. 앞으로의 연구를 기대해 볼까요?

"미국 필라델피아 소아 병원 연구팀이 자궁의 구조를 모방한 독자적인 인공 자궁 시스템 '바이오백(Biobag)' 안에서 조산한 양을 정상으로 발육시키는 데 성공했다지······."

113

만약에 고래에게 먹히면?

위험 레벨

네 개의 위 속에서 천천히 흐물흐물 녹는다……

고래류는 바다에 진출한 포유류 중에서 가장 성공한 생물입니다. 종류만 해도 80종이 넘고 생태도 다양합니다. 세계에서 가장 큰 동물로 최대 몸길이 33미터라는 기록이 있는 대왕고래, 수심 3천200미터까지 자맥질해서 112분이나 잠수한 향유고래는 물론이고 범

고래나 돌고래들도 고래와 같은 무리입니다.

고래들은 식성도 가지가지죠. 긴수염고래는 플랑크톤을 대량으로 포식하고, 귀신고래는 해저의 진흙을 들이마신 뒤 새우류를 걸러내며, 혹등고래처럼 거품을 만들어 그 안에 물고기를 가두어서 잡아먹는 고래도 있어요. 만약 사람이 거대한 고래에게 잡아먹히면 어떻게 될까요? 고래에게 먹힌다는 건 누구든 상상해 본 적이 있을 거예요. 마침내 상상을 현실로 바꿀 때가 온 것 같군요.

만약에 고래에게 먹히면?

아슬아슬!
고래가 사람을 삼켰어요!!

"먹혀 버린 순간 완전히 깜깜해졌어요."

대하 채집 잠수부인 마이클 패커드 씨는 미국의 매사추세츠주 바다에서 혹등고래에게 잡아먹혔습니다. 하지만 필사적으로 바둥거리며 몸부림을 치자, 고래는 약 30초 후 수면 부근에서 패커드 씨를 토해냈습니다.

전문가의 말에 따르면, 그는 고래에게 공격당한 것이 아니라 '운이 나빠 하필 좋지 않은 곳에 있었을' 뿐이라고 합니다.

고래 입장에서 보면 물고기를 먹으려고 입을 벌렸는데 '이물질'이 섞여 들어와 있었다, 정도의 느낌이겠지요. 뜻하지 않게 휘말린 사고지만 인간이 예기치 못하게 고래 입속으로 삼켜진 건 이번이 처음은 아닙니다.

2020년에 캘리포니아 앞바다에서 여성 두 명이 카약을 타다가 고래 입속으로 들어가 버렸습니다. 피해자 중 한 명인 맥솔리 씨는 "물 위에서 큰 물고기 떼를 보고 있는데 고래가 수면으로 떠올랐다."고 말했습니다. 함께 삼켜진 여성 코트리엘 씨는 "너무 가깝다고 생각한 순간 갑자기 몸이 떠오르더니 물속에 있었어요." 하고 말하며 죽음의 공포까지 느꼈다고 했습니다. 그러나 그들도 곧 '고래의 장난'에서 벗어날 수 있었어요. 결과적으로 두 사람은 무사히 살아남았고 짜릿한 모험담까지 생긴 셈이죠.

또 하나의 사건은 2019년 남아프리카에서 일어났습니다. 15년 동안 다이빙 여행을 한 레이너 씨는 동료와 함께 커다란 정어리 떼를 촬영하고 있었습니다. "상어가 정어리 떼에 파고드는 모습을 찍으려는데, 갑자기 주변이 깜깜해지고 사방에서 압력이 가해졌죠. 곧 고래에게 잡힌 거란 걸 알았습니다."라고 말하는 그도 무사히 바닷속으로 내던져졌습니다.

흥미롭게도 고래 입속에 들어간 사람들은 곧바로 내뱉어졌습니다. 사실 고래 대부분은 식도가 대단히 좁아서 인간을 삼킬 수 없기 때문이죠. 예를 들면 패커드 씨를 입에 넣은 혹등고래의 목구멍은

제 2 장 아찔한 생물편

인간의 주먹 정도의 크기. 큰 사냥감을 삼킬 때라도 기껏해야 지름이 40센티미터 정도밖에 되지 않아요.

하지만 안타깝게도 혹은 고맙게도, 해부학적으로 판단해 인간을 통째로 삼킬 수 있는 고래가 단 한 종 있습니다. 바로 향유고래입니다. 향유고래는 몸길이가 14미터나 되는 남극하트지느러미오징어를 삼켰다는 기록도 있으니 인간쯤은 쉽게 삼킬 수 있죠. 그럼 향유고래에게 먹히면 어떻게 될까요? 바이언스 슈트를 입고 함께 경험해 볼까요?

만약 향유고래에게 먹히면 어떻게 될까?

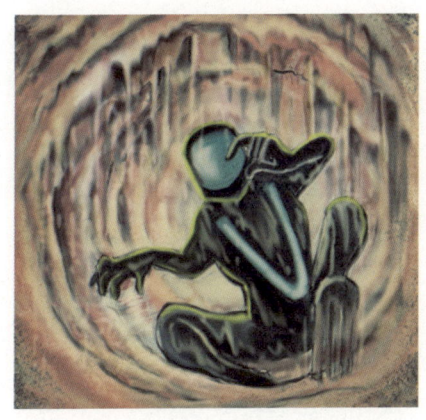

파랗게 일렁이는 차가운 바닷속, 휴일에 다이빙을 즐기는 우리에게 거대한 그림자가 다가오네요. 우리의 실루엣이 오징어를 닮았는지, 몸길이가 15미터인 향유고래가 갑자기 덮쳐 왔습니다.

다 자란 향유고래의 아래턱에는 길이가 25센티미터나 되는 원뿔형의 날카로운 이빨이 50개 넘게 나 있어요. 무섭군요. 그 이빨로 우리 몸을 씹어 으깨 버릴까요?

사실 향유고래의 위턱에는 이빨이 없고 게다가 어린 개체는 아래턱에도 이빨이 없습니다. 또 턱이 없는 개체도 있다는 보고도 있어서, 겉으로는 무자비해 보이는 이빨이지만 씹는 데는 무용지물일 수 있습니다. 만약 우리를 물었다고 해도 찰과상 정도에 그칠지도 모릅니다.

그런데 삼켜져 들어간 곳은 고래의 식도. 외부의 빛이 닿지 않아서 깜깜하지만, 손전등이 있다면 불을 켜 보세요. 누런색의 미끌미끌한 점막이 우리 몸을 위 쪽으로 밀어내는 게 보일 거예요. 머지않아 위

117

만 약 에 고래에게 먹히면?

에 도착합니다. 향유고래의 위는 무려 네 개로 나누어져 있습니다. 이제부터 긴 소화 여행이 시작되죠. 첫 번째 위는 내용물을 갈아 으깰 수 있도록 주위가 두꺼운 근육으로 덮여 있습니다. 먼저 도착한 대왕오징어의 잔해와 함께 우리도 천천히 으깨지겠지요.

그러고 나면 두 번째 위로 향하죠. 두 번째 위는 벌집 같은 그물코 모양의 주름이 표면을 덮고 있습니다. 주름에는 염산을 분비하는 세포가 대단히 많아요. 우리 몸은 여기서 오랜 시간 염산을 주성분으로 한 위산에 소화될 것입니다.

이제 우리 몸이 녹은 잔여물이 다다르는 곳은 세 번째 위. 여기에서는 이전보다 조금 약한 힘으로 근육에 압축되면서 위산에 소화돼요.

이후의 네 번째 위에서도 마찬가지. 단백질이 철저하게 분해됩니다. 이렇게 해서 소장에 다다를 쯤에는 우리는 처참하게 '영양분'이 되어 고래의 몸속으로 흡수될 거예요. 마지막으로 뼈같이 흡수되지 않은 잔해는 고래의 항문을 통해 바다로 배출됩니다. 이번에는 바이언스 슈트를 입은 덕분에 녹지 않았으니 항문으로 기어 나오면 된답니다.

지금까지의 이야기를 통해, 일단 향유고래에게 먹히면 생존 확률이 희박하다는 걸 알았습니다. 그러면 이런 상태가 되기 전에 만화 영화에서 자주 보듯이 고래가 바닷물을 내뱉을 때 탈출할 수는 없을까요?

실낱같은 희망에 기대어 마지막으로 생각해 볼게요. 그 모습은 고래가 바닷물을 뿜어내는 게 아니라, 분기공이라고 하는 콧구멍으로 공기를 내뿜는 현상이지요. 왼쪽 비도는 직접 분기공에 이어져 있지만 대단히 좁아서 인간이 들어갈 수 없습니다.

한편 오른쪽 비도는 폭이 넓어서 잘하면 인간도 안으로 비집고 들어갈 수 있을지도 모릅니다. 그러나 오른쪽 비도는 전정낭이라는 기관으로 이어져 있고 그 끝

제 **2** 장 아찔한 생물편

은 대단히 가느다란 관으로 분기공에 이어져 있지요. 그러므로 밖으로는 나갈 수 없습니다. 비도로 들어가 봤자 고래가 숨을 들이마신 순간에 몸속 깊숙이 다시 빨려들 뿐이죠. 결국 최선책은 고래에게 먹히지 않거나, 바이언스 슈트를 입는 것이군요.

덧붙이면 향유고래의 장 속에는 용연향이라고 불리는 귀중한 결석(몸 안의 장기 속에 생기는 단단한 물질)이 들어 있습니다. 향수의 원료로 사용해 과거에는 금과 같은 가치로 거래됐다고 해요. 살아 돌아올 수 있다면 선물로 꼭 챙기세요.

"만화나 애니메이션에서처럼 고래에게 먹혀 탈출하기란 불가능한 것 같군. 하지만 바이언스 슈트를 입었다면 조용히 항문으로 기어 나오면 될 거야."

만약에 상어에게 잡아먹히면?

버려진다?! 공격당해 실컷 물어뜯기고

위험 레벨

가장 오래 전 상어 조상의 비늘로 추정되는 화석은 4억 5천만 년 전 오르도비스기 말기 무렵부터 발견되었습니다. 공룡이 처음 등장한 시기보다 2억 년 넘게 앞선 옛날이야기죠. 그 후 상어는 크게 번성해서 지구 역사상 다섯 번 있었던 대멸종에서도 살아남았습니다.

대멸종에는 공룡 대부분이 멸종한 백악기 말의 멸종도 포함됩니다.

상어는 고대부터 생명사(生命史)에 등장했으며, 상어의 조상 때부터 모습이 크게 바뀌지 않은 탓에 '살아 있는 화석'으로 불려왔습니다.

그런데 최근 연구를 통해, 현재의 상어는 화석종(현존하지 않고 사라져 버린 생물의 종)에서 크게 진화한 부분이 있다는 사실이 밝혀졌지요. 이런 신비로운 상어이지만, 만약 상어에게 공격을 당하면 어떻게 되는지 살펴볼까요?

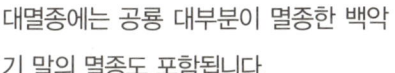

 상어에게 잡아먹히면?

상어에게 인간은 맛없는 먹이?
한 번 먹히면 치명상

상어 중에서도 인간에게 가장 두려운 종류는 백상아리지요. 몸길이 6미터, 체중 2톤이 넘는 거대한 몸집을 가졌으며, 인간이 공격당한 상어 사고의 3분의 1 이상이 백상아리에 의한 것입니다. 백상아리는 뾰족한 톱니 모양의 이빨을 300개 넘게 갖고 있는데, 이 이빨로 한입에 14킬로그램 정도의 사냥감의 살점을 물어뜯습니다. 열대와 온대에 폭넓게 서식하는데, 물론 일본도 여기에 포함됩니다.

자, 우리는 지금 튜브를 타고 바다 위를 떠다니고 있습니다. 문득 정신을 차려 보니 육지에서 멀어졌네요. 이상하게도 바닷가에 모여 있는 사람들이 우리 뒤쪽을 가리키며 소란스럽게 떠들고 있네요. 돌아보니 멀리서 삼각형의 등지느러미가……. 백상아리가 틀림없습니다. 목숨을 건 미션이 뜻하지 않게 시작되고 말았네요. 어쨌든, 도와달라고 외치면서 앞바다까지 발버둥을 치며 헤엄……치기 시작해서는 안 됩니다. 백상아리의 최고시속은 50킬로미터. 100미터라면 8초도 걸리지 않는 속도입니다. 한편 100미터 자유형 세계 기록은 46초91. 백상아리의 5분의 1 이하의 속도라면 우리가 세계적인 육상 선수라 해도 상어와 물속에서 경주하는 건 옳지 않아요.

그렇다면 가장 먼저 생각해야 할 건 상어를 흥분시키지 않는 것. 백상아리는 귀와 몸통 옆에 측선이라는 기관을 통해 물의 진동을 감지하고 사냥감이 있는 장소를 탐지합니다. 만약 상어들이 멀리 있다면, 가능한 한 조용하고 침착하게 바다 위를 헤엄치는 것이 유리합니다. 돌아보니 삼각형 모양의 섬뜩한 지느러미가 사라지고 없네요. 휴, 이제 안심이야……가 아닙니다. 백상아리의 사냥 스타일은 깊이 잠수해서 해수면에서 헤엄치는 사냥감의 바로 아래에서 단번에 달려들어 물어뜯는 것. 그러면 도망칠 수가 없지요.

갑자기 다리에 날카로운 통증이 스치네요. 수많은 칼에 찔린 듯한 통증입니다. 바닷속이 순식간에 피로 물듭니다. 백상아리가 무는 힘은 1제곱센티미터(㎠)당

제 2 장 아찔한 생물편

약 280킬로그램으로 추정됩니다. 그 강력한 턱으로 인간의 다리와 몸통을 실제로 물어 뜯은 사건도 있지요. 이제 더 이상 가만히 있을 수 없군요. 어쨌든 날뛰며 반격해야죠. 백상아리는 눈에 눈꺼풀이 없고 코끝에 신경이 모여 있습니다. 이 섬세한 조직에 타격을 가하면 공격을 멈출 수도 있지요. 한동안 발버둥 치다 보니 상어가 보이지 않습니다.

원래 백상아리의 사냥감은 바다거북과 바다표범이에요. 인간은 먹이가 아닙니다. 실제로 인간이 공격당한 사고에서도 '맛보기'를 위해 한 입 물어뜯은 후 사냥을 그만둔 일이 많습니다. 그래도 상처가 대체로 깊고 사고 중 5분의 1 정도는 사망에 이릅니다. 자, 살아 있는 것에 감사하고 사신(죽음의 신)이 변덕을 부리기 전에 서둘러 해변으로 돌아가야겠네요.

상어로 인한 사고로 목숨을 잃을 확률은 수백만 분의 1이라는 연구도 있습니다. 상어에게 인간은 그렇게까지 맛있는 먹이는 아닌 것 같군요. 그러나 서식 환경이나 자원을 빼앗기면 인간을 공격할 수밖에 없습니다. 실제로 개발이 진행 중인 지역에서 상어가 다치는 일이 늘거나, 상어가 끈질기게 공격하는 사고가 연이어 일어나는 등 예사롭지 않은 상황이 발생하고 있습니다. 상어가 사는 바다를 지키는 일은 인간의 생명을 지키는 일과도 이어져 있는 것이지요.

"상어는 500종류가 넘는데, 사람을 공격하는 상어는 약 30종류라니 의외로 적은 숫자군."

위험 레벨

만약에 티라노사우루스에게 잡아먹히면?

긴 이빨에 씹혀 으스러진다 예리한 후각에 쫓기다가

세상이 다 아는 사상 최강의 사냥꾼 **티라노사우루스 렉스**. 이름의 의미는 '폭군 도마뱀 왕'입니다. 그러나 최근 온몸이 깃털로 덮인 '거대한 칠면조' 같은 티라노사우루스의 그림이 화제입니다. 게다가 **티라노사우루스는 사냥이**

서툴러서 사체를 찾아다니는 데 전문이었다는 학설도 있습니다. 공룡의 왕이 깃털 괴물 같은 모습으로 사체나 주물러서야, 아이들의 영웅이 되기 어렵겠지요. 과연 이것들이 정말로 '왕년의 히어로'의 진짜 모습인 걸까요? 최근 눈부신 연구 성과로 우리가 그동안 알던 공룡의 모습과 생태가 크게 달라지고 있습니다. 이번에는 만약에 '그림 속의 깃털로 덮인 폭군 티라노사우루스에게 공격을 당한다면 어떻게 될지 알아볼까요? 물론 실험 대상은 우리입니다.

 티라노사우루스에게 잡아먹히면?

티라노사우루스에 대한 소문은 정말 사실일까……?

먼저 왜 최근에 깃털이 난 티라노사우루스의 그림이 등장했는지 살펴볼게요. 그 답은 티라노사우루스의 조상 화석에 있답니다.

2004년 중국에서 발견된 딜롱(Dilong)은 티라노사우루스의 조상에 해당하는 소형 육식 공룡입니다. 이 화석에 깃털의 흔적이 남아 있었다지요. 또 2012년에는 원시적인 티라노사우루스와 종류가 같은 대형 공룡 유티라누스(Yutyrannus)도 깃털이 있었던 걸로 밝혀졌습니다. 이러한 발견으로 더 진화한 티라노사우루스는 깃털이 있었을 가능성이 크다고 결론지은 거죠.

실제로 티라노사우루스는 털북숭이였을까요? 현재로선 사실 티라노사우루스의 몸이 대부분 비늘로 덮여 있었다는 학설이 유력합니다. 예전 이미지 그대로 폭군 공룡을 좋아하는 사람에게는 반가운 소식이군요. 이것은 성장한 티라노사우루스 화석에서 비늘 모양의 피부 흔적이 발견됐기 때문이에요.

덧붙이면 어린 티라노사우루스의 경우는 체온을 유지하고 위장하기 위해서 온몸에 깃털이 나 있었을 가능성이 있습니다.

그럼 티라노사우루스가 사체를 찾아다니는 데

제 **2** 장 아찔한 생물편

전문이었다는 건 사실일까요? 이것도 공룡을 좋아하는 사람들에게는 좋은 소식인데, 현재 티라노사우루스가 사냥을 했었다는 학설이 주류입니다. '사체를 찾아다니는 데 전문가'라는 설이 나온 근거로는 티라노사우루스의 앞다리가 극단적으로 짧고, 눈이 작으며, 이빨이 스테이크 칼처럼 사체를 잘게 자르는 데 적합했다는 점 등이 거론됐죠.

그러나 동시대 초식 공룡 화석에서 티라노사우루스에게 입은 상처가 치료된 흔적을 발견하면서, 그들이 살아 있는 사냥감을 적극적으로 공격했다는 것이 증명됐지요.

최근 연구에서는 티라노사우루스와 같은 종류는 다른 육식 동물에 비해 뇌에서 후각을 담당하는 부분이 컸다는 사실이 밝혀졌습니다. 이것은 티라노사우루스가 시각에 의존하지 않고 냄새를 매우 잘 맡는 코로 밤에 사냥을 했을 가능성을 보여 줍니다.

이런? 멍하니 있다가는 공룡들에게 들키고 말 거예요. 그럼 만약에 티라노사우루스에게 공격을 받으면 어떻게 될까요?

새끼 공룡은 의외로 빠르지 않았다?!

때는 중생대 백악기, 우리는 지금 땅거미가 지는 무더운 저녁에 풀밭에서 서성이고 있습니다. 땅에는 식물이 울창하게 우거지고 낯선 나무들이 드문드문 서 있습니다. 아니, 벌써 땀이 나기 시작했나요? 그건 대단히 나쁜 징조입니다. 어쨌든 그놈들은 냄새를 잘 맡으니까요…….

호랑이도 제 말 하면 온다더니 등 뒤 숲에서 기분 나쁜 커다란 그림자가 다가옵니다. 벌써 들켜 버린 모양이네요.

도망갑시다. 우리가 달리기 시작하자 온몸이 깃털로 덮인 몸길이 7미터 정도의 어린 티라노사우루스가 숲에서 튀어나왔습니다. 다 자란 티라노사우루스가 달리는 속도는 최고 시속 28킬로미터 정도로 추정됩니다. 만약 100미터를 달린다면 13초 정도. 우리가 달리기에 자신이 있다면 도망칠 수 있을지도 모릅니다.

127

 **티라노사우루스에게 잡아먹히면?**

그러나 안타깝게도 지금 쫓아오는 어린 티라노사우루스는 몸보다 다리의 비율이 커서 성장한 티라노사우루스보다 빨리 달릴 수 있었을 거라고 예상됩니다.

만약 우리가 육상 선수였더라도 따라잡히지 않고 도망치기는 어려울 겁니다. 우리와 추격자 사이의 간격이 순식간에 좁혀지고 있네요. 하지만 안심하세요. 그렇게 쉽게 잡히지 않도록 미리 사륜구동 자동차를 준비했으니까요. 차에 타기만 하면 일단 안심이에요. 시동을 켜고 액셀을 밟으세요. 이것으로 티라노사우루스와는 작별입니다. 이제 남은 일은 곧장 앞으로 달려가는 것뿐…….

사냥감을 뼈째 잘게 씹는 믿기 어려운 강도의 이빨

쿵, 갑자기 앞쪽 나무 그늘에서 거대한 실루엣이 뛰어나오더니 우리 차에 부딪쳤습니다. 맥없이 뒤집힌 사륜구동 자동차. 헛도는 바퀴 맞은편에는 온몸이 비늘로 덮인 몸길이 13미터, 체중 8톤의 거대한 티라노사우루스가 산처럼 우뚝 서 있습니다.

늦었지만, 최근 학설에서는 **티라노사우루스가 무리 지어 사냥했을 가능성이 제기됐습니다.** 어린 티라노사우루스가 사냥감을 내몰고, 성장한 티라노사우루스가 숨통을 끊어 놓는다는 사냥법도 거론되고 있습니다. 완전히 당했군요.

이렇게 되면 경기는 끝. 아무리 차 안에

제 2 장 아찔한 생물편

서 숨죽이고 있어 봤자 그들의 후각을 속일 수 없거든요. 흥분한 티라노사우루스가 차를 물어뜯겠지요. 티라노사우루스가 씹는 힘은 3.5톤 이상일 거라고 추정됩니다. 강한 턱과 목 근육 탓에 차가 너덜너덜해지겠지요.

겨우 목숨을 부지하더라도 어두운 밤에 탈출해서는 안 됩니다. 그들의 날카로운 후각 센서는 우리가 차 밖으로 뛰쳐나온 걸 곧바로 알아차리니까요. 순식간에 58개의 이빨이 늘어선 거대한 입이 눈앞으로 다가옵니다. 티라노사우루스의 이빨은 뿌리까지의 길이가 총 30센티나 될 만큼 두꺼워 사냥감을 뼈째 잘게 씹었다고 합니다. 안타깝지만 경기 종료입니다.

우리 몸은 적당한 크기로 물어뜯겨 폭군의 위 속으로 들어가 버립니다. 이것으로 백악기의 즐거운 모험은 끝입니다.

앞으로 중생대의 벌판을 산책할 때는 바이언스 슈트를 잊지 마세요. 사륜구동 자동차보다 튼튼하니까요.

"바이언스 슈트 덕분에 살아남을 수 있었지. 이 슈트가 없었으면 어떻게 됐을까?"

129

COLUMN

바이언스 생존 전략

4차원 공간에서 살아남는 법

끝없이 가느다란 한 줄의 선으로 이루어진 세계를 1차원이라고 해요. 평면이 상하, 좌우의 두 방향으로 이루어진 세계를 2차원이라고 하죠. 3차원은 공간이 상하, 좌우, 전후의 세 방향으로 이루어진 세계를 말해요. 우리에게 익숙한 건 바로 3차원 세계이죠. 그렇다면 4차원이란 어떤 세계일까요? 3차원에 사는 우리로서는 상상하기 어려운 일일 거예요. 이번에는 특별히 바이언스 슈트의 힘을 빌려 4차원 세계에서 살아남는 기술을 알아보기로 해요.

먼저, 4차원 공간이 어떤 세계인지 얘기할게요. 그렇게 어려운 내용은 아니에요. 상하, 좌우, 전후의 세 방향 모두에 직교(두 직선 또는 두 평면이 직각을 이루며 교차하는 일)하는 다른 선을 더하기만 하면 돼요. 음, 왠지 이해 못 하는 것 같군요. 거봐요, 말했잖아요. 3차원에 사는 우리는 이해하기 어렵다고.

그렇다면 실제로 가서 확인하는 게 빠를지도 몰라요. 흠, 아직 준비가 덜 됐다고요? 벌써 4차원에 도착했는걸요. 4차원 공간에 들어온 우리가 가장 먼저 깨닫는 건 주위에 있는 물건의 속을 다 들여다볼 수 있다는 것이죠. 옷장 속의 내용물이나 단단히 잠겨 있는 금고 속 물건, 누군가의 몸속 내장까지 동시에 다 볼 수 있어요.

처음 보는 광경이 잘 이해되지 않겠지요. 게다가 4차원 세계에서는 3차원 세계에서의 거리가 통하지 않습니다. 더 쉽게 말하면, 3차원 세계에서 우리가 소중히 여기는 어떤 물건의 전후, 좌우를 막아서 지킨다 해도 위에서 손을 뻗으면 잡을 수가 있지요.

마찬가지로 4차원 공간에서는 전후, 좌우, 상하가 막혀 있더라도 제4의 방향에서 손을 뻗으면 꺼낼 수 있답니다. 마법처럼 어떤 금고 속 내용물도 훔칠 수 있죠. 신과 같은 능력을 얻었다고 기뻐하고 있을 텐데, 미안하지만 4차원 공간 안에 오래 머물지 않는 편이 좋을 거예요. 자칫하면 목숨을 잃거든요.

무슨 말이냐고요? 비눗방울을 만드는 고리 모양의 장난감을 떠올려 보세요. 공기를 불어넣으면 고리 내부에 묻어 있는 비누액이 밀려 나가 비눗방울이 생깁니다. 그럼 이걸 4차원 공간에 있는 우리로 바꿔 생각해 봅시다. 고리의 본체가 우리의 피부, 그리고 묻어 있는 비누액이 우리의 내장입니다. 4차원 공간에서 바람이 불면 우리의 내장이 밀려서 몸 밖으로 나가 버리죠. 우리 몸도 금고와 마찬가지로 3차원에서는 완전히 닫혀 있지만 4차원 공간 안에서는 항상 틈이 있습니다.

그렇지만 여기에 대처하는 방법, 살아남을 방법이 딱 하나 있지요. 맞아요. 바로 바이언스 슈트를 입는 거예요! 앗!? 바이언스 슈트도 입지 않고 4차원 공간에 와 있다고요? 왜 제대로 준비도 하지 않고 왔냐고요!?

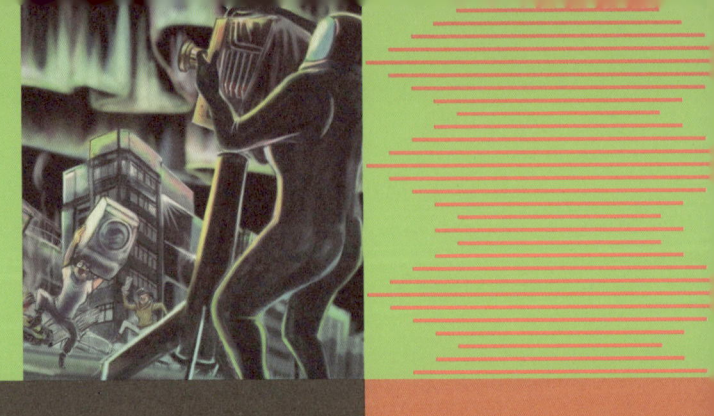

아찔한 지구편

인간과 마찬가지로 지구도 우주에서 보면 있으나 마나 한 존재겠지요. 그렇지만 지름 약 1만 3천 킬로미터의 작고 푸른 별에는 낭만이 가득해요. 자, '아찔한 지구편'을 체험하러 가 볼까요?

제 3 장

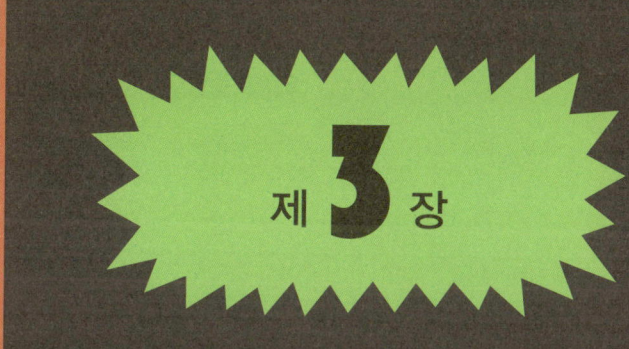

위험 레벨

만약에 지구가 통째로 황금으로 변한다면?

지표는 뜨겁게 불타오른다
황금의 대지에서 인류는 사라지고,

예로부터 인류는 금에 유난히 집착해 왔습니다. 결코 빛이 바래지 않는 반짝임은 그 희소성과 더불어 많은 인간을 사로잡았지요. 지구상에서 이토록 귀중한 금은 중성자별끼리의 충돌 혹

은 초신성 폭발에서 유래했다는 이야기가 있는데, 이에 대해서는 결말이 쉽게 날 것 같지 않습니다. 그러나 바이언스 슈트의 능력이 있으면 두 가지 가설보다 더 효율적으로 금을 만들 수 있지요.

　이번에는 통 크게 지구 전체를 질량이 같은 거대한 금덩어리로 바꿔 볼게요. 금을 무척이나 좋아하는 지구인들에게 기쁜 소식이겠군요. 그럼 푸른 별에서 황금의 별로 변하면, 지구 환경이 어떻게 바뀔지 알아보죠?

 지구가 통째로 황금으로 변한다면?

채취량이 적은 탓에 희소성 높은 금

지구에서 귀한 대접을 받는 금의 양은 실제로 얼마나 될까요? 2021년 시점에 인류가 지금까지 채굴한 금의 양은 다 합해 약 20만 1천296톤으로 추정됩니다. 막대한 양 같지만, 한데 모으면 한 변이 약 21.8미터인 정육면체가 되어, 경기용 수영장 세 개나 네 개 분량과 같습니다. 인류가 수백만 년에 걸쳐 채굴한 금의 총량이 겨우 이 정도인 거죠.

한편 2021년의 금값은 1킬로그램당 약 6천230만 원에서 7천82만 원 사이에서 변동했기 때문에, 평균하면 1킬로그램에 약 6천656만 원. 전 세계에 있는 모든 금에 가치를 매기면 단순 계산해서 약 1경 3천398조 원이 됩니다. 현시점까지 채굴된 금만 해도 이 가격이니, 지구 전체가 금이 된다면 상상만 해도 하늘을 날 것 같은 기분이 들지요. 자, 그렇다고 너무 흥분하지는 마세요.

또 현재의 기술로 채굴 가능한 범위를 살펴보면, 매장량은 약 5만 3천 톤으로 추정되고 머지않아 고갈될 것이라 우려됩니다.

금은 희소한 물질로, 지구의 지각 10억 킬로그램당 평균 1~5킬로그램 정도가 매장돼 있다고 추정됩니다. 그러나 금은 무거운 원소라서 지구 깊숙이, 특히 지하 3천 킬로미터 이상 들어간 핵 내부에 비교적 많이 있어요. 지구에 존재하는 금을 모두 긁어모으면 1500조 톤 정도로 방대한 양일 거라고 예상하지요.

그렇다고 해도 지구의 질량은 약 60해(경(京)의 만 배가 되는 수) 톤이니, 아무리 애써 금을 긁어모아도 지구 질량의 400만 분의 1에 불과한 셈입니다.

이제 바이언스 슈트가 등장할 차례. 바이언스 슈트만 있으면 지구의 전 질량을 금으로 바꾸는 것쯤은 식은 죽 먹기죠. 전 인류가 큰 부자가 되려는 욕망을 이뤄 줘야 하지 않겠어요?

제 3 장 아찔한 지구편

황금은 얼마든지!
하지만 지구는 죽음의 행성으로?!

지구는 반지름이 약 6천400킬로미터로 평균밀도를 계산하면 약 5.5그램 퍼 세제곱센티미터(g/cm³)입니다. 그에 비해 금의 밀도는 19.3그램 퍼 세제곱센티미터(g/cm³)로 지구 질량을 전부 금으로 바꾸면 단순 계산으로 반지름이 4천200킬로미터가 됩니다. 그러나 만약 전부 금인 행성을 만들 경우, 중심에 가까워질수록 압력에 인해 밀도가 높아져 실제로 행성의 반지름은 이보다 작아질 것입니다. 현재의 지구도 밀도가 7.9그램 퍼 세제곱센티미터(g/cm³)인 철로 주로 구성된 핵에서는 밀도가 13그램 퍼 세제곱센티미터(g/cm³) 정도일 거라고 추정됩니다.

초고온 초고압 상태인 행성의 중심 부근에서 금이라는 물질이 가지는 성질은 알 수 없으므로 정확히 계산하기는 어렵습니다. 하지만 현재 지구의 중심 압력이 약 360만 기압이고 실온 정도에서 금을 360만 기압으로 두었을 때의 밀도가 약 30그램 퍼 세제곱센티미터(g/cm³)라는 데이터가 있으니, 통째로 금이 된 지구의 평균밀도를 25그램 퍼 세제곱센티미터(g/cm³)라고 추정합시다. 그러면 새로운 지구의 반지름은 3천900킬로미터로, 현재의 약 60퍼센트, 대략 2천500킬로미터가 감소하는 셈이 됩니다.

즉, 지구의 전 질량을 금으로 바꾸면 지표에서 금으로 변하지 않은 물체 전부가 약 2천500킬로미터 낙하하기 시작하는 것이지요. 여기에는 인간과 생물, 바다와 대기도 모두 포함됩니다. 이때 우리는 시속 수만 킬로미터 속도로 황금의 대지에 내동댕이쳐지고, 그 충격으로 인한 에너지로 황금 지표면 온도가 수만 도에 이

 지구가 통째로 황금으로 변한다면?

르러 지구가 한순간에 죽음의 행성으로 바뀌어 버릴 거예요. 아무리 황금의 행성을 손에 넣었다 해도 그걸 사고팔 수 있는 인간이 물리적으로 증발해 버린다면 아무런 의미가 없는 거지요.

어쩔 수 없군요. 바이언스 슈트의 힘으로 낙하 에너지를 없애야 합니다. 이제 지표를 지옥같이 만들지 않고도 인간이 60해 톤의 금덩어리를 얻을 수 있습니다. 이 경우에는 어떤 일이 일어날까요?

우선 지구 질량은 변하지 않고 반지름만 작아졌기 때문에 표면 중력이 약 2.7배 증가합니다.

이 책 146쪽 '만약에 지구의 중력이 10배가 되면?'에서처럼 중력 10배에는 미치지 않으니 평소에 몸을 단련했다면 그럭저럭 움직일 수 있을 것입니다. 더욱이 달을 비롯한 다른 천체와의 거리는 변하지 않기 때문에 충돌할 우려는 없습니다.

또 피겨스케이팅 선수가 팔을 몸에 붙이면 회전 속도가 빨라지는 것처럼 질량이 작아진 지구도 자전이 빨라져서 하루가 9시간이 안 돼 끝나 버리죠. 모든 생물의 체내 시계(생리 활동을 주기적으로 반복할 수 있도록 해 주는 몸속의 작용)가 혼란을 겪어 처음에는 고생할 테지만 전혀 적응하지 못하지는 않을 것입니다.

드디어 온 인류가 백만장자가 되나 생각했더니 여기서 큰 문제가 발생합니다. 바로 어디를 파든 금이 나오기 때문에 금의 가치가 완전히 없어져 버리는 것이지요. 희소가치라는 말이 있듯이 인류가 금에 가치를 부여한 것도 희소하기 때문이라는 측면이 있습니다.

그렇게 되면 가치 면에서는 오히려 현재 지구상에 흔히 있는 물질이 훨씬 귀중해지겠지요. 철이나 규소, 알루미늄 등은 현재 지구에서 흔해서 가격이 비싸지 않지만, 여러 면에서 인간의 생활을 지탱해 줍니다.

금은 철 같은 단단함도 없고 규소같이 반도체에 적합한 성질도 없으며, 알루미늄 같은 가벼움도 없지요. 빛나는 쓰레기, 금이 넘쳐나는 지구는 발전을 멈춰 버릴 것입니다.

게다가 지구가 모두 같은 물질로 구성되

제 **3** 장 아찔한 지구편

면 판 구조론(Plate tectonics)은 크게 힘을 잃을 것입니다. 판 구조가 장기적으로 대기 중의 이산화탄소량을 제어하거나, 구리와 셀레늄 등 미량의 미네랄을 바다에 공급하는 역할을 하므로 생명이 존재하는 데 꼭 필요하다고 말하는 연구자도 있습니다. 즉 이 경우에도 금의 판매자인 인간은 머지않아 죽어 버릴 가능성이 있습니다.

부자가 되기도 쉽지 않군요. 얼핏 좋아 보이는 작전도 앞뒤 가리지 않고 실행하면 때로는 전혀 의도하지 않은 문제가 발생하고 말죠. 안타깝지만 쓰레기 덩어리로 변한 지구는 생명이 사라지고 황금빛으로 빛나는 죽은 행성이 되어 태양 주위를 계속 공전할 거예요.

● 판 구조론 – 지구를 덮고 있는 판(plate)이 움직여 여러 가지 지질 현상이 일어난다는 학설.

"귀하던 금도 주위에 넘치면 가치가 사라져 버리지. 진정한 가치는 네 마음이 정하는 거야!"

만약에 지구 반대쪽으로 땅굴을 파고 뛰어내리면?

이동할 수 있다?!
일본 → 브라질까지 38분만에

위험 레벨

일본에서 가장 먼 나라는 브라질이에요. 일본과 브라질 사이의 거리는 약 2만 킬로미터.

현재 일본에서 브라질까지 가는 가장 빠른 교통 수단은 비행기인데, 어느 경로로 가더라도 24시간 넘게 걸립니다.

그 이유는 지구의 겉면을 따라 이동하기 때문이지요. 만약 땅을 똑바로 파 내려가 직선으로 연결하는 구멍을 통과하면 거리도 단축하고, 중력을 유리하게 이용해서 눈 깜짝할 사이에 갈 수 있을지도 모릅니다. 그야말로 꿈의 기술이라고 할 수 있지요. 다들 한번 해 보고 싶죠? 그럼 바이언스 슈트를 입고 도전해 볼까요? 그런데 과연 안전하게 도착할지 미지수예요.

 지구 반대쪽으로 땅굴을 파서 뛰어내리면?

땅굴을 파 내려가자!
브라질 낙하 시작!

그럼 지금 당장 땅 아래로 땅굴을 파 볼까요? 지각, 맨틀, 외핵, 내핵 순으로 파 들어가서 지구 중심으로 갈 거예요. 거기서 다시 반대 순서로 브라질의 지표까지 땅을 파 나가는 겁니다.

무사히 길이 1만 3천 킬로미터 정도의 땅굴을 개통한 것 같군요. 바이언스 슈트의 기술력이라면 이 정도는 식은 죽 먹기죠. 중심 온도가 5천200도, 압력이 360만 기압이라는 혹독하기 그지없는 환경에서 땅굴을 파 나가고, 게다가 그 땅굴을 허물어뜨리지 않고 유지하는 힘든 공사를 해냈군요.

자, 이젠 땅굴 벽에 부딪히지 않도록 조심하면서 똑바로 뛰어내리기만 하면 틀림없이 브라질까지 도달할 수 있을 거예요. 그럼 뛰어내려 볼까요. 하나, 둘, 셋, 아자……. 예상대로 처음엔 아무 일 없이 브라질을 향해 일사천리로 가속해 갑니다. 지구 중력에 끌려서 땅속으로 계속 떨어져 이대로 브라질에 도착하겠지……하고 생각하다가 서쪽 벽이 점점 다가오는 걸 깨닫게 될 거예요. 하지만 우린 어쩔 수 없이, **곧바로 시속 100킬로미터가 넘는 빠른 속도로 마치 석쇠로 만든 강판 같은 벽면에 긁혀 버립니다.** 만약 바이언스 슈트를 입지 않았더라면 몹시 아플지도 모르겠군요.

도대체 무슨 일이 일어난 걸까요? 이 현상은 '코리올리의 힘(전향력)'*에 의한 것이랍니다. 지구상의 모든 물체는 지구의 자전축 주위를 회전합니다. 예를 들면 도쿄에서는 시속 약 1천350킬로미터로 서쪽에서 동쪽으로 자전하기 때문에 운동하는 물체는 오른쪽으로 휘게 돼요. 그러나 지구 내부는 회전 반경이 작아서 한 바퀴 도는 거리가 짧고, 자전에 의한 속도도 지표보다 느리죠. 땅굴로 떨어지기 시작한 시점에서 동쪽으로 향하는 속도는 지표와 같아서, **지구 내부로 들어가면서 전향력이 생기는 것이지요.**

● **코리올리의 힘** – 지구상의 모든 물체가 자전 방향으로 움직이려는 힘을 말하며 프랑스 과학자 가스파드 코리올리(Gaspard Coriolis)의 이름을 붙였다.

제 3 장 　아찔한 지구편

자전축을 조정해서 해결!
그러나 왠지 가속이 일정하게……?

이것을 해결하려면 자전축 자체를 바꿔야 합니다. 지구의 자전축을 일본과 브라질을 곧게 이은 선으로 변경하면, 전향력을 신경 쓰지 않고 브라질에 도착할 수 있을 거예요.

지구의 자전축을 바꿔서 생기는 갖가지 변동과 이변에 대해서는 여기서 다루지 않으렵니다. 지금은 다른 건 제쳐 두고 브라질에 빨리 도달한다는 목적 하나만 생각할래요.

자전축 조정이 끝나면 다시 땅굴로 뛰어내려요. 벽에 부딪힐 걱정 없이 점점 속도가 붙지요……라고 말하고 싶은데, 가속이 서서히 약해져 머지않아 속도가 일정해집니다. 땅굴 속의 기압이 표면과 같다고 가정하면 시속 약 200킬로미터. 이것은 공기 저항이 속도의 제곱에 비례해 너무 커져서 지구의 중력이 아무리 강하게 아래로 끌어당겨도 더 이상 가속할 수 없기 때문이지요.

이대로는 브라질에 도달할 수 없겠군요. 지구 반지름의 절반 정도 나아간 후, 지구의 중력은 서서히 약해집니다. 중력은 물체의 질량에 비례하지만, 땅굴로 떨어지면 떨어진 분량 만큼 더 많은 질량이 자신의 머리 위에 있는 셈이 되지요. 즉, 자신에게 가해지는 중력은 약해지는 것입니다.

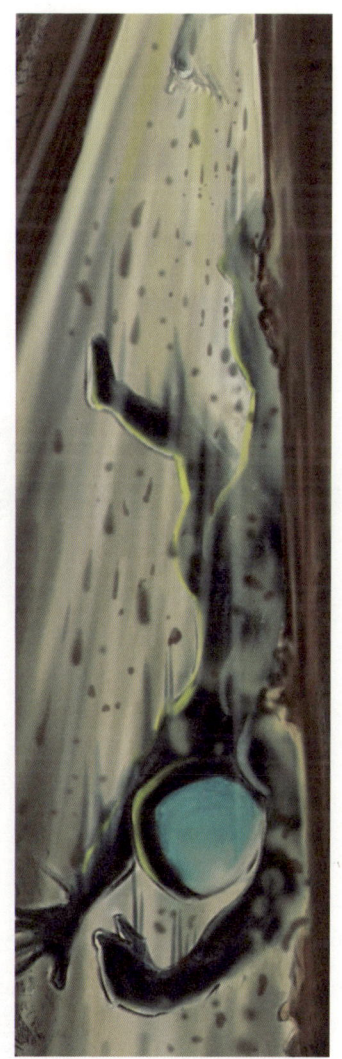

 지구 반대쪽으로 땅굴을 파서 뛰어내리면?

지구의 중심에 도달하면 모든 방향에서 작용하는 중력이 서로 같아져 완전한 무중력 상태가 됩니다. 거기에서 앞으로 나아가면 이번에는 역방향의 중력이 작용하죠. 시속 100킬로미터 안팎으로는 지구 반대쪽에 결코 도달할 수 없고, 머지않아 운동은 멈추고 다시 지구의 중심을 향해 떨어집니다. 거기에서 마치 서서히 멈추는 진자(줄 끝에 추를 매달아 좌우로 왔다 갔다 하게 만든 물체)처럼 지구 내부를 몇 번이나 왕복한 후, 지옥 같은 환경인 지구 중심에서 멈춥니다.

공기 저항을 없애면 38분 만에 브라질에 도착!

여기에서 포기할 수는 없죠. 이 문제를 해결하려면 땅굴 속의 공기를 모두 빼서 공기 저항을 없애야 합니다. 그러니까 땅굴 속의 공기를 전부 빼고 다시 시작하자는 말이에요……

자, 준비된 것 같으니 다시 땅굴로 뛰어내려 볼까요? 이번에는 가속을 방해하는 공기 저항도 없으니 지구 중심에 도달할 즈음에는 속도가 시속 3만 5천 킬로미터나 됩니다. 지구의 중심을 통과하면 서서히 속도가 줄어들어 브라질 지표에 도달할 즈음에는 정확히 시속 0킬로미터로 정지합니다. 소요 시간은 지구 내부의 밀도 변화를 고려해서 약 38분입니다.

제 3 장 아찔한 지구편

즉 타이밍을 잡을 수 있으면 일본에서 브라질까지 단 38분으로, 게다가 연료 없이 이동할 수 있다는 것이지요.

덧붙여서 일본에서 오스트레일리아나 미국을 향해서 땅굴을 파고 뛰어내린다면 중력이 비슷하게 가해져 구멍의 벽면을 구르듯 이동하게 됩니다.

만약 마찰이 없으면, 소요 시간은 어디에서든 대략 38분이 됩니다. 거리가 짧을수록 소요 시간도 단축되지만, 중력의 방향이 바로 아래로 가까워져서 가속이 적죠. 이 두 가지 영향이 서로 맞물려서, 지구상의 어떤 두 점을 연결한 구멍으로 뛰어내려도 소요 시간은 거의 변하지 않을 거예요.

이제 정리하면서 복습할게요. 일본에서 브라질까지 단 38분 만에 가려면 먼저 지구를 직선으로 관통하는 땅굴을 팝니다. 그다음에 지구의 자전축이 땅굴과 같은 직선이 되도록 해요. 그리고 땅굴 속을 진공으로 만들면 끝이죠. 물론 지구 내부의 열과 압력을 견딜 수 있는 슈퍼 슈트를 개발하는 건 당연하고요.

만약 필요하면 바이언스 슈트를 하나 구입하세요. 그럼 다음번 '만약에'로 떠나 볼까요.

"아니? 뭐라고, 우리 중에 바이언스 슈트가 없는 사람이 있다고?"

만약에 지구의 중력이 10배가 되면?

위험 레벨

인류가 곧 멸종한다
모든 인류가 한순간에 기절,

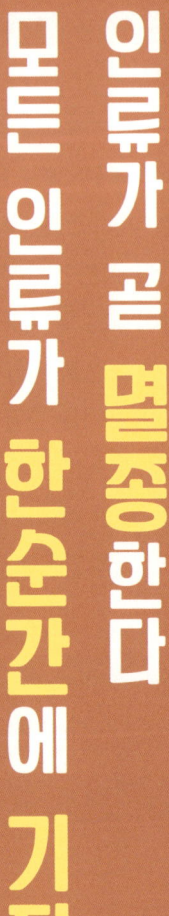

바이언스 하면 낙하, 낙하 하면 바이언스. 이 구호처럼 바이언스는 다양한 천체와 신비스러운 장소에 낙하해 왔습니다. 그리고 '낙하'라는 행위 자체는 중력이 있어야 가능합니다.

그러나 천체 규모에서 가장 지배적인 힘인 중력은 이 우주에 존재하는 다른 기본 상호 작용에 비해 압도적으로 약하다고 알려져 있습니다. 예를 들어 전자기력과 비교하면 36 자릿수나 차이가 나죠. 왜 우주가 이처럼 됐는지는 물리학에서 해결하지 못한 문제 가운데 하나입니다.

만약 바이언스의 힘으로 너무나도 약한 중력을 강화하면 어떤 일이 일어날까요? 우선 우리가 생활하는 지구의 중력만 10배로 만들어 볼까요?

 **지구의 중력이 10배가 되면?**

모든 인류가 기절한다고?
10배로 강해진 중력의 공포

그럼 충분히 준비하고 지구 중력을 10배로 만들어 봅시다. 방법은 두 가지인데, 지구 질량은 그대로 두고 지구를 압축하는 것과 지구 크기는 그대로 두고 질량을 늘리는 것입니다.

하지만 이번에는 모처럼 바이언스의 힘을 사용할 수 있으니, 특별히 지구의 크기도 질량도 바꾸지 않고 지구에만 중력 상수°를 10배로 해 봅니다. 그럴 경우 지구 환경은 어떻게 변할까요?

==지구 중력이 10배가 되고 몇 초 지나, 인류 대부분은 기절합니다.== 생각해 보세요. 우리 뇌로 혈액을 보내는 심장은 뇌보다 아래에 있어요. 따라서 심장은 중력을 거슬러 뇌로 혈액을 보내야 하는데, 갑자기 중력이 강해지면 뇌로 보내는 혈액이 아주 적어집니다. 최악의 경우 기절해 저산소증, 이른바 산소 결핍으로 목숨을 잃을 수 있습니다. 곡예 비행을 하는 조종사나 우주 비행사에게는 현실 문제로 대처해야 하는 위험한 현상이지요.

훈련받지 않은 사람이라면 중력이 5배만 강해져도 의식을 유지하기 어렵다고 해요. 특수 훈련을 반복하고 가속도의 변화에 대비해 내부에 일정한 공기압을 넣은 내지 항공복(anti-G suit)°을 입은 ==일류 조종사조차 중력 10배를 견딜 수 있는 시간은 기껏해야 몇 초.== 즉 이번처럼 중력이 10배 증가하면 거의 모든 인류가 기절한다는 얘기지요.

또 중력이 10배가 된 순간에 어떤 자세를 취하고 있는지에 따라서 명암이 엇갈릴 거예요. 서 있던 사람은 기절한 채 몸 전체가 낙하하고 10배의 가속도로 땅에 내동댕이쳐진 뒤 심장과 뇌의 위치와 상처 정도에 따라 운좋게 의식을 되찾을 것입니다. 앉아 있던 사람은 기절한 후에도 뇌가 심장보다 위쪽에 있기 때문에 그대로 사망하죠. 어쩌면 누워서 뒹굴던 사람의 생존율이 가장 높을지도 모릅니다.

● **중력 상수** – 뉴턴의 만유인력 법칙에서 단위거리만큼 떨어진 두 개의 단위 질량 사이에 작용하는 인력의 값이다. 보통 G로 표기한다.
● **내지 항공복** – 항공기가 빠른 속도로 가속할 때 인체가 받는 충격을 줄이기 위한 비행복.

제 **3** 장 아찔한 지구편

살아남는다 해도
기다리는 건 지옥 같은 세계

그러나 살아남은 사람에게도 견디기 힘든 세계가 기다리고 있습니다. 우리의 체중이 60킬로그램이었다면, 중력 10배의 지구에서는 540킬로그램의 추를 몸에 달고 생활하는 것과 같으니까요.

태양계 외의 천체에 인간이 적응할 수 있을지 분석한 연구에 따르면, 뛰어난 운동선수라 하더라도 앉아 있는 상태에서 일어설 수 있는 한계는 중력의 5배까지, 걸을 수 있는 한계는 중력의 4.6배라고 합니다. 한계를 훨씬 뛰어넘은 중력 탓에 인류는 땅에서 설설 기어다니다가 더는 움직이지도 못하고 멸종하겠지요.

인류가 멸종한 후 지구는 어떻게 될까요? 연구에 따르면 10배가 넘는 중력에서도 생존할 수 있는 소형 생물이 많다고 해요. 그러나 커진 중력으로 말미암아 격렬해지는 화산 활동과, 증가하는 소행성과의 충돌을 그들이 견뎌 낼지는 미지수랍니다.

지구의 생명은 거의 변함 없던 지구의 중력을 전제로 진화해 왔어요. 안타깝지만 안이하게 중력을 강화하는 것은 지구의 생태계를 단번에 무너뜨리는 어리석은 선택이 틀림없는 듯합니다. 바이언스의 힘도 계획적으로 사용해야 할 것 같군요.

"하, 또 바이언스 슈트를 입고 있는 나만 살아남았잖아……."

149

만약에 지구에서 오존층이 사라진다면?

피부암이 급증할 테지만, 오존층은 점차 회복된다고?

위험 레벨 🔻🔻🔻🔻🔻

맑은 날에 야외에서 활동하는 건 누구에게나 무척 기분 좋은 일이지요. 운동하며 건강하게 땀을 흘리거나, 해변이나 수영장 바깥에서 느긋하게 누워 쉬는 등 우리는 저마다의 방법으로 일광욕을 즐깁니다. 그런데 이건 모두 오존층이 있어서 가능하다고 해도 과언이 아닐 거예요.

<mark>최근에는 그다지 언급되지 않지만 '오존홀(ozone hole)'이라는 말을 들어본 적이 있나요? 사실 1980년대에는 오존층의 오존 농도가 낮아지는 걸 우려했거든요.</mark>

그런 우려를 아득히 뛰어넘어, 지구상에서 오존층이 완전히 사라지면 어떤 일이 일어날까요? 애초에 오존층은 무엇일까요?

 지구에서 오존층이 사라지면?

'지구의 선크림' 오존층이 사라지면 어떻게 될까?

오존층이란 지구 지표에서 약 15~35 킬로미터 상공에 오존이 많이 분포하는 대기층을 말합니다. 많이 분포한다고 해도, 오존층의 농도가 가장 높은 25킬로미터 부근의 오존 농도는 10만 분의 1 이하. 그 얼마 안 되는 양이 해로운 자외선으로부터 지표를 보호해 주지요.

20세기 후반에는 남극상의 오존층의 오존 농도가 극단적으로 낮아지는 오존홀 현상이 매년 발생했습니다. 인류가 대기 중에 방출한 프레온 가스 탓에 오존층이 파괴된다는 사실이 명확해진 건 1974년. 당시에 2065년에는 중위도 지역에서 5분이면 인간의 피부가 타고 말 거라는 예상도 있어서 심각한 사회 문제로 인식됐지요.

이런 우려는 한낱 기우가 아니었으며, 전 세계가 협력해서 프레온 가스 사용을 규제하자 다행히도 최악의 사태는 피할 수 있었기에 '회피된 미래'라고 부릅니다. 실제로 환경 문제에 대해서 인류가 이렇게까지 일치단결한 적은 없다는 목소리도 있지요. 한번 타격을 입은 오존층은 2010년대에 들어서 점차 회복되는 경향을 보여 일단 한고비는 넘었다고 할 수 있습니다.

그러면 주제로 돌아갈까요. 만약 오존층이 사라지면 인류의 생활은 어떻게 변할까요?

지상에 도달하는 자외선은 UVA와 UVB 두 종류입니다. 그중 UVB가 파장이 짧아서 에너지가 높지만, 대부분이 오존층에 흡수되고 지표에는 아주 적은 양만 도달합니다. 반대로 에너지가 더 낮은 UVA는 오존층을 통과해 거의 그대로 지상에 도달합니다. 오존층이 있는데도 선크림을 바르는 등 자외선에 반드시 대비해야 하는 건 이 때문이지요.

그러나 지구의 선크림 같은 존재인 오존층이 사라진다면, UVB도 가차 없이 지상으로 내리쏟아질 게 뻔하죠. 자외선은 생물을 구성하는 유전자를 파괴하는 힘을 가졌기 때문에 지상에서 생활하는 동물들에게서 피부암이 급증할 거라고 예

제 3 장　아찔한 지구편

상됩니다. 피부암 중 유극세포암, 기저세포암, 악성 흑색종을 유발할 위험성이 커서, 오존층이 사라진 세계에서는 이들 질병이 크게 유행할 테지요. 또 눈도 자외선에 손상을 입는다고 합니다. 자외선에 각막 세포가 손상을 입는 광선각막염 정도라면 적절히 치료할 수 있지만 최악의 경우, 백내장 등에 걸려 실명하는 사람이 급증할 것입니다. 현재도 세계에서 매년 300만 명 넘는 사람이 자외선으로 인해 실명에 이른다고 추정하는데, 오존층이 사라진 지구에서는 앞을 보지 못하는 사람과 동물이 많아질 수 있어요.

덧붙여서 바다의 생물들에게도 악영향을 끼칠 수밖에 없습니다. UVB가 물속에서도 20미터 정도 침투하는 경우가 있어서 물고기의 정상적인 발육을 저해한다고 알려져 있어요. 특히 산호는 UVB의 영향을 받기 쉬워서, 많은 바다 생물이 삶의 터전을 잃을지도 모릅니다.

하지만 이 상태가 영원히 지속되는 것은 아닙니다. 대기 중의 산소에 자외선이 닿으면 오존이 생성되기 때문에 오존층은 오랜 시간이 지난 후 원래의 오존 농도로 돌아갈 것입니다. 그때 인류가 아직 존재할지 여부는 또 다른 문제지만, 바이언스 슈트는 분명히 존재할 거예요. 다시 바이언스 슈트를 입은 누군가가 손가락을 튕겨 오존층을 없애 버릴지도 모르겠지만요.

"슈트를 입긴 했지만 누가 내 등에 선크림 좀 발라 줄래?"

153

위험 레벨 ❗❗❗❗❗

만약에
전자기 펄스의 공격을 받으면?

사회 인프라가 파괴된다?!
유례없는 대정전이 발생하고,

인터넷으로 쇼핑을 하면 컴퓨터가 물류 창고에서 우리 집까지 가장 효율적인 경로를 자동으로 인식해, 며칠 후면 상품이 우리 집에 도착하는 것이 일반적입니다.

이같이 현대 사회에서는 다양한 사회 시스템이 복잡하게 얽혀서 서로 의존하면서 사람들의 일상생활을 뒷받침하죠. **그런데 만약 사회 전체를 혼란에 빠뜨릴 수 있는 공격 수단이 있다고 하면 어떨까요?**

바로 전자기 펄스(Electro Magnetic Pulse, EMP) 공격이 그렇습니다. 인체에 직접 피해를 주지는 않지만, 넓은 범위에 걸쳐 전자 기기를 사용할 수 없게 만들죠. 현대 사회에서 전자기 펄스 공격을 받는다면 어떤 일이 일어날까요?

 전자기 펄스의 공격을 받으면?

전력에 전적으로 의존해 온 대가를 인프라 붕괴 후에 치러야 한다?!

전자기 펄스 공격 수단은 여러 가지가 있죠. 그런데 나라 전체의 전자 기기에 타격을 주려면, 현실적으로는 수십 킬로미터가 넘는 상공에서 핵폭발을 일으키는 것이 가장 효과적입니다. 핵폭발로 방출된 대량의 감마선이 공기 중의 분자에 포함된 전자와 충돌해 고속으로 튕겨 나오면 지자기를 따라 회전을 시작합니다. 고속으로 운동하는 전자는 궤도가 바뀌면 방사광이라고 불리는 전자파를 발생시킵니다. 그것이 지상에 내리쏟아져서 전자 기기에 제멋대로 전류가 흐르거나 최악의 경우에는 기기를 망가뜨리지요. 또 지자기를 큰 폭으로 어지럽혀서 송전망에 있는 변압기가 파손되기도 합니다.

마치 SF 세계의 이야기 같지만 비슷한 사태가 이미 전 세계에 발생했습니다. 1962년에 태평양 상공 400킬로미터에서 미국이 핵 실험을 실시했을 때는 1천450킬로미터 멀리 떨어진 하와이에서 변압기가 고장나고, 신호기가 일시적으로 꺼져 버렸죠.

또 때때로 강력한 태양풍*에 의해 지구에 발생하는 자기폭풍도 전자기 펄스 공격과 같은 원리로 전자 기기에 위협이 되는데, 1989년에는 캐나다의 전력망을 파괴한 적이 있습니다. 최대 9시간 동안 정전되어 6천만 명에게 영향을 미쳤다는 기록이 남아 있습니다. 다행히 두 사례 모두 희생자는 나오지 않았지만, 만약에 현대 사회가 전자기 펄스 공격을 받는다면 피해가 막대하겠지요.

먼저 내리쏟아지는 전자파에 의해, 나라 전체의 송전망 속에 많이 들어 있는 변압기가 일제히 피해를 입습니다. 그 결과로 역사상 유례없는 대정전이 발생하죠. 일본은 세계에서 정전 횟수가 적은 나라에 속하지만 대규모 정전이 이미 여러 번 발생했고, 2주 이상 복구되지 않았던 적도 있습니다. 이번에는 일본 전역에 있는 많은 변압기가 파괴돼 복구까지는 상당한 시간이 걸릴 것 같군요. 사람들 대부분이 전력이 항상 존재하는 걸 전제로 생활하므로 피해가 더 클 테지요.

제 **3** 장 아찔한 지구편

우선 첫 번째로 위기에 직면하는 건 의료 기관입니다. 대부분의 의료 기관은 만일에 대비해 자력으로 전기를 일으키는 발전 설비를 갖추고 있지만, 그것도 며칠밖에 견디지 못합니다. 2019년 9월에 태풍의 영향으로 정전이 된 지바현에서는 한 병원이 인공호흡기나 투석 기계 등의 설비에 전력을 우선으로 공급했는데도 불구하고 5명이 목숨을 잃고 말았습니다. 게다가 냉방을 사용할 수 없어서 열사병으로 사망한 사람도 있었지요. 건강만큼은 자신이 있어서 걱정 없다는 사람도 있을 테지만, ==펌프를 작동시키지 못하므로 상하수도를 사용할 수 없고 냉장고가 작동되지 않아서 음식물을 보존하지 못하는 사태도 발생합니다.== 당연히 인터넷이 연결되지 않아서 나라 전체가 정전된 것조차 알 수 없겠지요. 정전이 되면 신호등을 사용할 수 없으므로 차량 정체나 사고도 급증하고, 가게에 물자를 배송할 수도 없습니다. 집에 마실 물이나 식료품이 떨어져도 아무것도 살 수 없는 사태가 발생하지요.

이같이 다양한 사회 시스템이 복잡하게 얽혀 있는 현대 사회에서는 전자기 펄스 공격으로 인한 정전이야말로 치명적이라 할 수 있어요. 정전을 계기로 마치 도미노 쓰러지듯 사회 인프라가 무너지고 말 테니까요. 바로 내일 전자기 펄스 공격으로 대규모 정전이 발생할지도 모릅니다. 다가올 그날에 대비해 바이언스 슈트 구입을 잊지 마세요.

● **태양풍** – 태양 활동으로 인해 전하를 띤 미세 입자들이 우주 공간으로 방출되는 현상.

"전자기 펄스 공격은 단 한 방으로 나라 전체가 마비될 정도로 무시무시해."

만약에 지구의 바닷물이 민물로 바뀌면?

위험 레벨

결국 인간도 죽는다
많은 생물이 멸종하고,

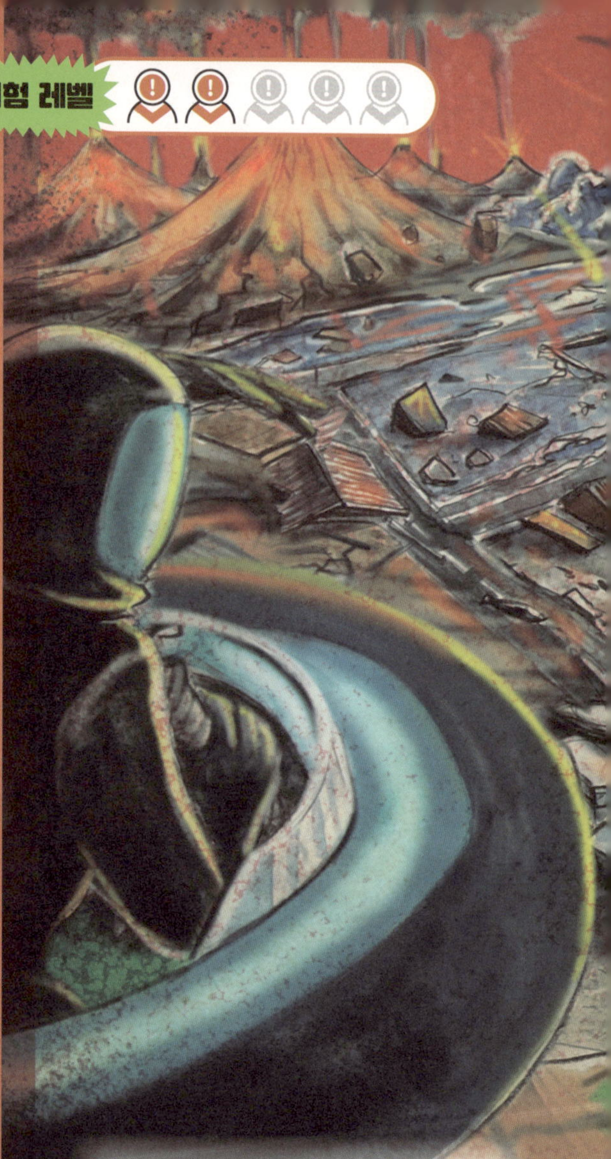

지구는 지표의 70퍼센트가 바다로 덮여 있으니 물이 풍부하다고 생각할 것입니다. 그러나 그중 대부분은 염분을 포함한 바닷물이고 민물은 3퍼센트뿐이죠. 그 민물 중 약 70퍼센트가 빙하 등 얼음의 형태로 봉해져 있고, 식

수나 농업용수 등은 지구의 모든 물 중 1퍼센트도 되지 않습니다. 따라서 앞으로 전 세계에서 물 부족이 큰 문제가 될 가능성이 대단히 크죠.

그럼 이 시점에서 친숙한 바이언스 슈트의 능력으로 인류에게 구원의 손길을 내밀어 줄까요? 민물이 부족하면 민물을 만들면 되잖아요? 만약 한순간에 모든 바닷물을 민물로 만들면 어떤 일이 일어날까요?

 지구의 바닷물이 민물로 바뀌면?

지구의 물 부족, 해결할 수 있을까? 바닷물을 민물로 바꿔 보면……

바닷물은 소금물, 강물은 민물. 그 사이에 있는 구역은 기수역이라고 불립니다. 민물과 바닷물이 섞이는 구역이기 때문에 염분 농도도 민물과 바닷물의 중간 정도죠. 일반적으로 민물의 염분 농도는 0.5퍼밀*(‰) 이하, 바닷물은 35퍼밀 정도이므로 기수역의 염분 농도는 0.5퍼밀에서 30퍼밀 사이입니다.

그러나 염분 농도는 어지럽게 변화합니다. 매일 변동하는 간조와 만조, 계절마다 변화하는 강물의 유입량 등의 영향으로 기수역에서는 환경의 변화가 상당히 큽니다. 하지만 그 단점을 보상할 만큼 영양분이 풍부하고 태양 빛도 도달하기 쉬워서 기수역은 일부 생명체에게는 중요한 환경이 되고 있습니다. 예를 들면 아열대 및 열대 지방에 많은 맹그로브(아열대나 열대의 해변이나 하구의 습지에서 자라는 관목이나 교목을 통틀어 이르는 말) 숲에는 종류가 많고 다양한 생물이 서식하므로 '해변의 열대 우림'이라고도 불립니다.

바닷물을 모두 민물로 바꾸는 건 이와 같은 생태계를 파괴하는 것이나 다름없습니다. 하지만 한편으로는 많은 인간의 생명을 구할 기회이기도 하지요.

산을 개간해 주거지로 바꾸고, 평지를 경작해 밭으로 만들고, 강에 댐을 만드는 등 인간은 주위의 환경을 자신들에게 편리하도록 바꾸어 오지 않았나요? 새삼스

제 3 장 아찔한 지구편

럽게 무엇을 주저하나요? 허울 좋은 말은 하지 말기로 하죠.

그러면 바이언스 슈트의 능력으로 지구상의 모든 바다에 있는 염류, 대략 5경(조의 만 배가 되는 수) 톤을 한순간에 제거했다고 합시다. 이제 바닷물이 민물이 되어 물 부족이 단번에 해소되겠지요. 오늘도 세계에서는 8억 명 넘는 인구가 마실 물이 부족해 곤란한 상황입니다. 하지만 기쁨은 한순간. 지구의 환경은 다양한 요소가 서로 복잡하게 얽혀서 유지됩니다. 갑자기 바닷물의 염류가 사라지면 지구 전체에 막대한 영향을 미치겠지요.

● 퍼밀 – 천분율. 전체를 1000으로 볼 때의 비율을 의미하며, 1/10을 곱하면 퍼센트(%)가 된다.

생물에게 미치는 엄청난 영향
초밥 재료가 다 사라진다?!

먼저 바다의 생물은 모조리 멸종하고 맙니다. 물속에 서식하는 생물에게 주위의 염분 농도는 중요한 문제입니다. 세포가 생존하려면 주위에서 산소나 물 등 필요한 물자를 받아들이고 이산화탄소 등의 노폐물을 밖으로 배출해야 합니다. 그러려면 세포는 외부와의 작용을 해야 하므로 세포를 덮고 있는 세포막은 어느 정도 물질이 투과하도록 되어 있습니다. 그래서 염분 농도가 문제가 되는 것이죠.

세포 속의 염분 농도가 낮고 바깥의 염분 농도가 높으면, 삼투압 현상에 의해 세포 속의 수분이 바깥으로 빠져나갑니다. 반대로 세포 속의 염분 농도가 높고 바깥의 염분 농도가 낮으면, 바깥의 물이 세포 속으로 이동하지요. 바다에 서식하는 생물은 주위의 염분 농도가 높은 환경에 적응해서, 세포 내에 물을 보유하고 소금을 배출하는 기능을 갖추고 있습니다. 그러나 갑자기 주위의 물이 민물로 바뀌어

● 염분 농도 – 해수에 생식하는 물고기들은 아가미로 염분을 제거하고, 나머지 염분은 소변으로 배출하는 2단계 시스템으로 체내의 염분 농도를 조절한다.

161

 지구의 바닷물이 민물로 바뀌면?

세포 속의 염분 농도가 주변보다 높아지면 침투하는 물에 세포가 견뎌내지 못하고 죽어 버리지요.

이 대량 멸종을 피할 수 있는 생물이 과연 있을까요? 연어같이 강과 바다를 오가는 생물이라면 가능할 수도 있습니다. 그렇다고 해도 며칠에서 몇 주에 걸쳐 주위의 염분 농도의 변화에 익숙해지고 나서 이동하기 때문에, 갑작스러운 염분 농도의 변화를 견딜 수 있을지는 미지수네요. 어쩌면 전 세계에서 큰 인기를 얻고 있는 초밥의 재료 대부분을 두 번 다시 먹지 못하게 되겠지요.

멈출 수 없는 기후 변동, 피폐해진 지구가 나아갈 길

초밥의 재료가 조금 줄어든 정도로 끝나지 않습니다. 염분이 줄어든 바다는 가벼워질 수밖에 없습니다. 그러면 북극에 떠 있는 거대한 해빙이 부력의 감소로 10센티미터 정도 가라앉겠지요.

고작 10센티미터라고 우습게 봐서는 안 됩니다. 이로 인해 북유럽과 러시아, 캐나다 등 북극해에 면해 있는 나라들은 쓰나미가 발생해서 막대한 피해를 입을 테니까요. 또 바다는 항상 중력으로 해저를 누르고 있습니다. 그 힘이 갑자기 약해져서 세계 각지에서 지진과 화산 활동이 활발해질 가능성도 있습니다.

기후에 미치는 영향도 크겠지요. 민물은 소금물보다 높은 온도에서 얼어요. 따라서 북극에서 바닷물이 얼 때는 물만 먼저 얼어서, 남은 소금 때문에 주위의 물의 염분 농도가 높아집니다. 염분 농도가 높은 물은 더 무거워져 아래로 가라앉고, 그 결과 바다의 표면층에서는 남쪽에서 흘러오는 따뜻한 물이 북쪽으로 이동하는 흐름을 형성합니다. '열염순환'이라고 하는 이 구조에 의해, 태양에서 오는 에너지를 많이 받는 적도 부근에서 북극과 남극 부근으로 에너지가 이동하는 것이죠. 그러나 바닷물이 전부 민물이 되면

제 3 장 아찔한 지구편

이 구조가 완전히 무너집니다. 적도 부근은 지금보다 더욱더 뜨거워지고 극 부근은 더 추워지는 것이지요. 그뿐만 아니라 적도의 에너지를 온대로 운반하는 기능을 가진 태풍도 더 많이 발생하고 더 강력해집니다.

더욱이 우려스럽게도 지구상의 광합성의 약 절반을 담당하는 녹조류(하등 은화식물의 한 무리. 물속에 살면서 엽록소로 광합성을 함)도 모두 죽어 버려 지구상의 산소 농도가 급격히 내려갈 수 있습니다.

완전히 변해 버린 지구에 남겨진 인류는 쓰나미로 인한 익사, 식량 부족으로 인한 아사, 극단적인 온도로 인한 열사병과 동사, 산소 농도의 저하로 인한 산소 결핍사 등을 경험할 거예요. 대량의 마실 물과 자연의 이치를 맞바꾼 지구는 마치 지옥처럼 변합니다. 이 같은 환경에서 인류도 오래 생존하지 못하겠지만, 그렇다고 지구상에서 생물이 모두 사라지지는 않을 것입니다.

지구에 바다가 처음 생긴 건 38억 년 전, 이때 바다는 전부 민물이었습니다. 긴 세월에 걸쳐 조금씩 염류가 흘러들어 현재의 모습이 된 것입니다. 한차례 멸망했던 바다 생물도 결국은 부활해, 인류가 사라진 낙원 같은 세계를 즐길 가능성이 큽니다.

인류에게 구원의 손길을 내밀려던 것이 반대로 멸종시켜 버릴 만큼 어리석은 잔꾀였던 것 같습니다. 안타깝군요. 하지만 또 하나 좋은 안이 있습니다. 바로 얼음덩어리인 혜성을 지구에 충돌시키는 방법입니다. 상당히 현실적인 이야기지요. 하지만 거기에 대해선 다음 기회에 얘기하기로 하죠.

"실제로 혜성과 지구가 대충돌하면 어떻게 될까?"

만약에 후지산이 분화하면?

위험 레벨

간토 지역에 대량의 화산재가……
피해 총액 23조 850억 원

일본의 상징이라고 불리는 후지산. 후지산이 현재같이 좌우 대칭을 이룬 우아한 원뿔 모양이 된 건 대략 1만 년 정도 전이라고 합니다. 아름답고도 웅장한 후지산은 조용히 일본인의 생활을 지켜보고 있는 것 같습니다.

그러나 잊어서는 안 되는 건 후지산이 화산이란 사실이죠. 게다가 역사상 몇 번이나 분화를 되풀이한 어엿한 활화산이란 말입니다. 2012년에는 3부 능선 부근에서 희미하게 수증기가 관측된 적도 있어서, 여전히 활화산이란 걸 의심할 여지가 없습니다.

그럼 후지산이 만약 지금 분화한다면 어떤 일이 일어날까요? 남태평양의 섬나라 통가에서 발생한 대분화를 생생히 기억하죠? 일본은 어떻게 될까요?

만약에 후지산이 분화하면?

쏟아지는 화산재 탓에 사회 구조가 무너진다

후지산은 기록에 남아 있는 것만 봐도 과거에 열일곱 번이나 분화했습니다. 약 2300년 전에는 후지산의 동쪽 경사면이 붕괴하면서 이류(화산 폭발이나 산사태 때 산허리에서 흘러내리는 진흙)가 현재의 미시마시를 통해서 스루가만으로 흘러 들어갔다고 알려져 있습니다. 헤이안 시대 391년 동안에는 열두 번 넘게 분화했습니다.

<mark>후지산이 마지막으로 분화한 건 1707년</mark>. 호에이 대분화라고 하며, 후지산에서 100킬로미터나 떨어진 에도(현재의 도쿄)에도 화산재가 떨어졌다는 기록이 남아 있지요. 이 호에이 대분화와 비슷한 규모로 분화가 일어났다고 가정하고 일본인들의 생활이 어떻게 될지를 생각해 볼까요.

먼저, 분화하기 며칠 전부터 후지산 부근에서 화산성 지진이 자주 발생합니다. 이것은 지하에 있는 마그마가 지표 부근으로 이동하면서 암반에 포함되어 있는 수분이 급속하게 증발, 팽창하며 암반이 깨져서 발생하는 것입니다.

그리고 며칠 후 마침내 후지산이 분화하기 시작합니다. 화구에서 대량의 연기와 경석이 뿜어져 나와 한 시간도 지나지 않아 낙하한 경석이 근처의 시즈오카시와 고텐바시의 가옥을 파괴하고 화재를 일으킵니다. 또 용암이 흘러나올 가능성도 있습니다. 최악의 경우, 용암류(분화구에서 흘러내리는 용암)는 두 시간 정도면 후지요시다시와 고텐바시, 후지노미야시 등의 시가지로 향할 것입니다. 약 세 시간 후에는 화산재가 내리기 시작하겠지요. 당일의 풍향에 따라 다를 테지만 <mark>서풍이 불 경우는 불과 몇 시간이면 도쿄에도 화산재가 날아옵니다.</mark> 이 화산재가 가장 골칫거리입니다.

먼저 화산재가 인체에 미치는 영향을 살펴보면 만성기관지염, 폐기종, 천식 등을 악화시키고 안구를 상하게 합니다. 이보다 심각한 건 생활에 미치는 영향이지요. 전철은 바퀴와 레일 사이에 전류가 흐르기 때문에 소량의 화산재가 내려앉기만 해도 운행을 중단해야 하고, 자동차도 앞이 잘 보이지 않아서 서행할 수밖에 없

제 3 장 아찔한 지구편

습니다. 비행기가 운항하려 해도 활주로는 0.2센티미터의 재가 쌓이기만 해도 사용할 수 없지요. 이렇게 되면 식료품과 식수 같은 물자도 제대로 수송할 수 없어요.

만약 후지산이 1개월간 분화를 계속한 경우, 내려 쌓이는 화산재를 합산하면 오다와라시에 30센티미터, 요코하마시에 10센티미터, 도쿄시에 5센티미터, 지바현에도 거의 2센티미터로 예상됩니다. 발전소나 변전소에도 재가 쌓여 누전이나 대규모 정전을 일으킬 가능성도 있지요. 수도권에 내리는 화산재는 1억 5천만 세제곱미터(㎥)에 이르고 이는 1년 동안 매일 8천 대의 트럭을 가동해야 겨우 제거할 수 있는 양입니다. 그 밖에도 지반이 약한 곳에서는 토석류(산사태가 나서 진흙과 돌이 섞여 흐르는 물. 또는 그런 흐름)가 발생할 수 있고 관광업에 악영향을 미치리라 우려됩니다. 이 같은 최악의 경우를 가정하면 피해 총액만 모두 23조 850억 원에 이를 수 있습니다. 더구나 화산재는 몇 년이나 남아 영향을 미칠 것이 명백하지요.

어때요, 무섭다고요? 이건 어디까지나 최악의 경우랍니다. 실제로는 대규모 분화보다 소규모 분화가 훨씬 많고, 다음번에 분화한다고 해도 소규모일 가능성이 훨씬 크죠. 물론 예측하기 어렵고 호에이 대분화를 뛰어넘는 규모로 분화가 일어날 가능성도 부정할 수는 없겠지요. 안타깝지만 우리 인간은 연약한 존재라서 자연의 힘에 정면으로 맞서기 어렵습니다.

"아름다운 후지산에 한번 올라가 볼까? 올라가다가 굴러떨어지지나 않으면 좋겠는데……"

167

위험 레벨

만약에 지자기 역전, 폴 시프트가 일어나면?

전기를 전혀 쓸 수 없다?! 세계 각지에 오로라 발생,

나침반이 북쪽을 가리키는 건 지구에 있는 한, 변하지 않는 사실이라고 생각하겠지요. 하지만 그건 100년 정도밖에 살 수 없는 우리 인간이 품고 있는 환상일 뿐이랍니다.

지구 전체에 영향을 미치는 변화가

갑자기 찾아오면, 지구의 모든 생명체가 위기에 빠지죠. 그러나 '폴 시프트'라고 불리는 '지자기 역전(지구 자기의 남과 북이 바뀌는 현상)'은 예외로, 지구 전체의 역사에서 보면 불과 한순간에 끝나 과거에 여러 번 발생했지만 대량 멸종으로 이어졌다는 증거가 없는 게 현실입니다. 그렇다면 현대에 지자기 역전이 발생해도 인류는 무사할 거라 생각해도 좋겠지요. 실제로는 어떨까요?

 지자기 역전, 폴 시프트가 일어나면?

사실은 지자기 역전이 과거에 183번이나 일어났다?!

나침반에 대해 배울 때, 지구를 북극이 S극, 남극이 N극으로 되어 있는 막대자석으로 비유하는데, 사실 그렇게 단순한 이야기는 아닙니다. 지구에서 나침반이 가리키는 두 곳을 자극이라고 하는데, 가령 지구를 막대자석이라 하면 자극에 N극과 S극이 있습니다. 그러나 이 자극과 자전축에 위치하는 북극과 남극은 일치하지 않습니다.

예를 들면 자북극(나침반의 북쪽이 가리키는 지점)은 21세기에 들어와서도 캐나다 북부에 있었지만, 2001년에는 북극에서 약 1천 킬로미터 떨어진 곳에 있었지요. 또 2021년에는 북극에서 러시아 쪽으로 대략 400킬로미터 떨어진 지점에 있었습니다. 남자극(나침반의 남쪽이 가리키는 지점)을 살펴보면 2021년 시점에 남극에서 2천900킬로미터 떨어져 있고 남극 대륙에 존재하지도 않습니다. 이와 같은 차이가 생기는 이유는, 지자기의 발생원 때문입니다.

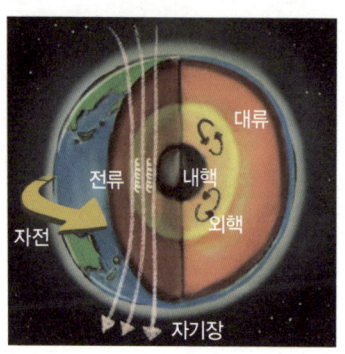

다이너모 이론

지구 내부는 안쪽부터 내핵, 외핵, 맨틀, 지각으로 구성되는데 철이나 니켈 등의 금속이 많이 존재하며, 액체인 외핵˙이 지자기의 발생원이라고 생각됩니다. 전기가 잘 통하는 물질이 대류를 따라 운동하면서 회전하면, 주위에 근소하게 존재하는 자기로 인해 전류가 흐르며 새로운 자기가 발생하고 다시 그 자기로 인해 전류가 흘러 자기가 점점 강해지는 현상이 발생합니다.

● **외핵** – 지구의 지표에서 깊이 2천900킬로미터에서 5천100킬로미터 사이에 위치한 부분으로 액체 상태로 존재하는 핵의 바깥쪽 부분을 말한다.

제 **3** 장 아찔한 지구편

이것이 지자기의 유래를 설명하는 유력설, '다이너모 이론(Dynamo theory)'입니다. 또 상세한 원리는 밝혀지지 않았지만 다이너모 이론은 지자기가 무작위로 역전한다는 것도 예상하고 있고, 실제로 과거 8천300만 년 동안 183회의 지자기 역전이 일어났다고 알려져 있어요. 평균하면 대략 10만 년에서 100만 년에 한 번 꼴로 일어난 셈인데, 지자기 역전이 생명에 영향을 미쳤는지에 대해서는 현재까지 분명하게 밝혀지지 않았습니다.

지자기 역전 발생 전 단계에 지자기 전체가 약해지는 일이 많고, 그 결과로 지표가 태양풍이나 우주선 등의 유해한 방사선에 노출돼 생명에 막대한 피해를 준다고 지적하는 연구도 있습니다. 그러나 한편으로 과거에 여러 번 지자기 역전이 발생했지만 현재의 지구는 생명체로 넘쳐나고, 무엇보다 지자기 역전이 대량 멸종으로 이어진다는 결정적인 증거는 아직 발견되지 않았지요.

그러면 현대에서는 어떨까요? 지자기의 강도에 대한 기록은 1840년경부터 남아 있는데, 약 180년 동안 지자기의 강도가 대략 15퍼센트 감소한 것으로 알려졌습니다. 게다가 남아메리카에서 대서양에 걸쳐서 남대서양 자기 이상대라고 불리는, 지자기가 이상하게 약한 영역이 있다는 것도 명확해졌습니다. 간혹 자극이 움직이기도 하는데, 이 현상을 지자기 역전의 징조라고 지적하는 연구도 있습니다.

그렇지만 지자기에 대해서는 알려지지 않은 것도 많고, 앞으로 지자기가 어떻게 될지, 그리고 인간의 시간 감각으로 머지않아 지자기 역전이 일어날지에 대해서도 매우 불투명하기만 합니다.

전기는 쓸 수 없지만 가까이에서 오로라를 볼 수 있다?

만약 현대에 지자기 역전이 발생하면 어떤 일이 일어날까요? 앞에서 말한 대로, 지표의 방사선량이 증가할 것으로 예상되므로 인간을 비롯해 지상에서 사는 생명체가 암에 걸릴 확률이 커집니다. 하지만 대기가 방사선으로부터 어느 정도

 지자기 역전, 폴 시프트가 일어나면?

지켜주기 때문에 대량 멸종까지는 이르지 않는다는 게 주된 예상입니다.

자, 안심하고 밖에 나가보면 놀랍게도 북극과 남극 부근에서나 볼 수 있는 오로라를 관찰할 수 있을 거예요. 한창 지자기 역전 중일 때는 자극이 여기저기에서 무작위로 나타날 테니, 일본에도 출현할 수 있겠지요. 오로라는 태양풍을 구성하는 고에너지 입자가 지구의 대기와 충돌하면서 발생하는데, 지자기로 인해 입자가 자극 부근에 모이기 쉬운 탓에 오로라가 발생합니다.

아름답게 일렁이는 오로라를 집에서 보다니 지자기 역전도 나쁘지는 않다고 생각할지도 모릅니다. 캄캄한 어둠 속에서 환상적인 오로라를 마음껏 즐길 수 있으니까요. 하지만 슬프게도 지자기 역전 중일 때는 현재 인류 문명을 지탱하는 중요한 전기를 전혀 사용하지 못할 가능성이 커요.

지표에 도달한 방사선 중에는 전기를 띤 입자도 존재합니다. 그 입자가 이동하면서 자력이 발생하고 그 자력이 전자 기기나 송전망 근처를 통과하면 전기가 제멋대로 흐릅니다. 현대 인류가 사용하는 전자 기기는 정밀한 전류가 필요하고, 송전망은 변압기를 사용해서 전력의 균형을 유지하고 있습니다. 방사선으로 인해 제멋대로 전류가 흐르는 상태에서는 모두 파괴돼 쓸 수 없게 될 것입니다.

실제로 1859년에 대규모 태양 플레어가 발생해 지표까지 전기를 띤 입자가 쏟

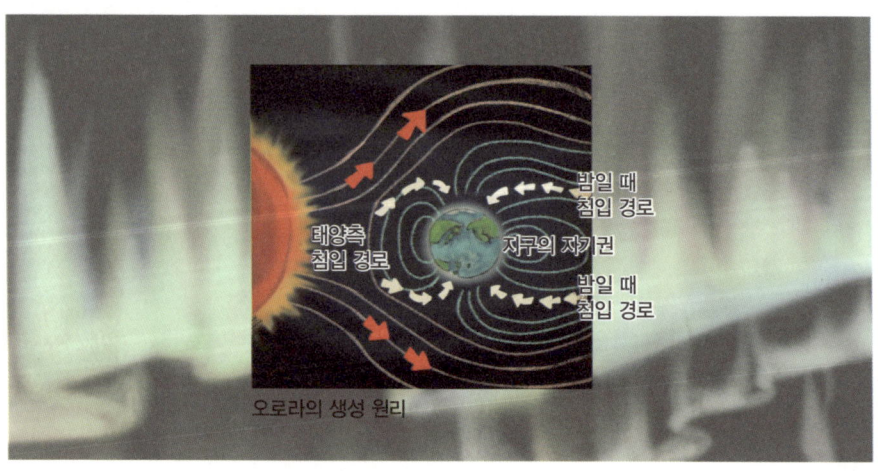

오로라의 생성 원리

제 3 장 아찔한 지구편

아진 적이 있었습니다. 그때 전보용 케이블이 불타 사용할 수 없었다는 일화가 있습니다. 당시와 비교할 수 없을 만큼 전기에 크게 의존하는 21세기 인류의 삶은 어떻게 될까요? 사람들의 생활이 19세기로 되돌아갈 거라 걱정하는 과학자도 있지만, 그건 실제로 지자기 역전이 발생하지 않고서는 알 수 없지요.

다행히도 지자기가 갑자기 급격하게 약해지는 일은 없습니다. 지자기 역전이 어느 정도 시간이 흐른 뒤에 완료될지에 대해서는 대략 1천 년에서 1만 년 정도로 예상의 차이가 있습니다. 지자기 역전이 언제 발생할지는 예상할 수 없지만, 미리 송전망의 변압기를 충분히 준비한다면 피해를 최소한으로 줄일 수 있을 거예요.

유사 이래 발생한 적은 없지만, 앞으로 언젠가 분명히 일어날 테고 발생했을 때의 피해는 막대할 것입니다. 그 누구도 책임질 수 없는 숨은 위협을 낭비라는 비판을 감수하면서도 착실하게 계속 대비해 나가는 것, 우리 인간들에게는 물론 어렵지 않은 일일 테죠.

"1859년, 기록 사상 최대의 태양 플레어가 발생해 각지에서 오로라가 관측됐어. 로키 산맥에서는 광부가 아침이라고 착각하고 아침밥을 차릴 준비를 했을 만큼 밝은 오로라가 발생했다고 해."

173

COLUMN

바이언스 생존 전략

비행하던 여객기에서 떨어졌을 때 살아남는 법

현대 사회에 없어서는 안 되는 이동 수단인 항공기. 해마다 운항 수가 늘어서 2019년 한 해에만 약 4천만 건의 항공편이 운항했다는 통계가 있습니다. 물론 항공편 수요에도 성수기와 비수기가 있지만, 단순하게 평균하면 전 세계에 하루 10만 건 넘는 정기 비행이 있다는 것이지요.

이렇게 운항 수가 많다는 건, 편리하고 안전성이 높다는 사실을 말하는 것이기도 하지만, 예상대로 사고 발생률을 제로로 만들기는 대단히 어렵습니다. 탑승 중에 일어날지도 모르는 돌발 사고 중에서 아마도 최악은 비행하던 여객기에서 떨어지는 것이죠. 실제로 일어난 예도 여러 번 있고 생존자도 있습니다. 이번에는 어떻게 해서 살아남으면 좋을지 알아보죠. 지금까지의 칼럼처럼 바이언스 슈트가 없으면 살아남을 수 없다는 결말로 끝맺지는 않을 테니 걱정하지 마세요.

항공기가 비행하는 높이는 고도 1만 미터 전후. 이 주변의 기압은 지구의 4분의 1 정도입니다. 따라서 여기에 내던져지면 산소 농도가 부족해서 정신을 잃고 말죠. 이 상태에서 머리를 아래로 해서 떨어진다고 가정하면, 공기 저항과 가속이 맞물린 속도는 시속 300킬로미터. 그대로 땅에 강하게 추락하면 대부분 사망하겠지요. 하지만 방법을 찾아봅시다. 계속 더 떨어져 고도가 6천700미터 정도 되면 산소 농도가 서서히 높아지고 운이 좋으면 의식을 되찾습니다. 자, 눈을 떠 보세요.

아마도 낙하 중인 우리는 패닉 상태가 되어 죽음을 각오하겠지요. 그러나 이런 상황에서도 침착할 수 있는 대담한 사람이라면 떨어지는 상태에서 비행 자세라고 하는 엎드려서 손발을 뻗는 낙하 저항이 큰 자세를 취합시다. 이 자세라면 낙하 속도를 시속 200킬로미터 정도까지 감속할 수 있으니까요. 이 시점에서는 땅에 떨어지기까지 2분 정도 시간을 벌었으니, 추락했을 때 조금이라도 생존율을 높일 장소를 찾아야 해요. 지금까지 상공에서 자유 낙하해서 살아남은 사람들 대부분은 건초 더미나 수풀 등이 쿠션 역할을 해서 목숨을 건졌습니다. 같은 이유로 설원이나 늪지도 후보지가 될 수 있겠지요. 반대로 바다나 호수 같은 액체는 순식간에 변형되지 않기 때문에, 고속으로 충돌하면 수면이 콘크리트처럼 딱딱해집니다. 저세상으로 가고 싶다면 그쪽을 선택하시든지요.

　1963년에 발행된 미국연방항공국(FAA)의 안내서에는 "다리를 가지런히 모으고 발뒤꿈치는 상공을 향한 채, 무릎을 껴안으면 생존율이 높아진다"고 설명하고 있습니다. 살아남고 싶다면 이 자세를 취하고 운명을 하늘에 맡기는 수밖에요. 바이언스 슈트를 입지 않았기 때문에 살아남을 확률은 낮지만, 뭐 어떻게든 되겠지요. 건투를 빕니다!

앗! 벌써 돌아가고 싶다고요? 애써 마지막 장까지 왔는데 그런 말은 하지 마세요. 이 장은 '아찔한 인간편', 요컨대 우리 중 누군가를 실험 대상으로 삼을 수도 있습니다. 단, 거부권은 행사할 수 없어요.

아찔한
인간편

제 4 장

만약에 인간이 양치질을 중단하면?

위험 레벨 😱😱😱😱😱

다른 질환에 걸릴 위험도?!
이가 문드러지고, 입 냄새 풀풀

우주 비행사가 되려면 두뇌, 신체, 정신 등 모든 면에서 뛰어나야 하지만 충치가 없는 것도 조건 중 하나라고 해요. 충치를 방치한 채 우주에 가면 우주선을 쏘아 올렸을 때 경험하는 가속도나 주위의

기압 변화로 단번에 악화할 가능성이 있기 때문이지요. 우주 비행사라도 충치의 고통은 참기 어려운 것 같군요. 하지만 모두가 다 우주에 가고 싶은 건 아닐 거예요. 우리 중에는 우주에 안 가도 좋으니까 이는 닦고 싶지 않다거나, 양치질 없는 인생을 살고 싶은 사람도 있을 거예요. 그렇다면 말 그대로 모두 양치질을 중단해 봅시다. 처음부터 겁이 나서 몰래 양치질을 한 사람은 우주로 내던질 거예요. 그럼 누가 이기는지 지금부터 이 안 닦기 내기를 해 봅시다!

 인간이 양치질을 중단하면?

충치, 입 냄새는 물론 여러 가지 질병에 걸릴 위험도……

치아 형태나 타액 성분의 차이 등에 따라서 충치가 발생하는 데는 개인차가 크다고 알려져 있습니다. 우리 주변에도 늘 조심해도 쉽게 충치가 생기는 사람도 있고 아무거나 먹는데도 충치가 생기지 않는 사람도 있을 테지요. 그러니 양치질을 하지 않는 사람에게 나타나는 일도 각자 다를 거예요.

일반적으로 대략 3일에서 일주일이면 치석이 생기기 시작합니다. 입안에는 수백 종류가 넘는 미생물이 치아의 틈이나 표면의 요철을 주거지 삼아 서식하며 치석이라는 집합체를 만듭니다. 그중에는 음식물 찌꺼기에 들어 있는 녹말 등의 당을 분해해서 산을 생성하는 미생물도 있죠. 그 산이 ==치아를 형성하는 법랑질이나 상아질을 녹여서 치아에 구멍이 생긴 상태가 바로 충치입니다.==

치석은 치아뿐만 아니라 잇몸에도 영향을 미칩니다. 치석에 포함된 미생물이 치아와 잇몸 사이에도 파고들어 염증을 일으키지요. 치은염 상태가 좀 더 진행되면 치주염이 되고, 잇몸에서 피가 나거나 씹을 때 통증이 생기고, 최악의 경우는 치아가 빠지기도 합니다. 곤란한 건 본인만이 아니에요. 치아와 잇몸선 아래 있는 치석 속에는 산소 없이도 성장하는 미생물이 서식합니다. ==그 미생물들이 배출하는 분해물을 입 냄새의 원인으로 여기기 때문에, 양치질을 중단하는 건 주위 사람들과도 멀어지는 일이겠지요.==

이 단계에 이르러서도 여전히 양치질하지 않는 멍청이가 있다면 어떻게 될까요? 결국 치아가 모두 빠져도 이상하지 않습니다.

이렇게 생각하는 게으른 사람이 있을거예요. 만약 치아가 모두 빠져 버릴 때까지 충치의 고통과 주위의 시선을 견딜 수 있다면, 앞으로 떳떳하게 양치질 같은 건 전혀 할 필요가 없는 몸이 될 수 있다고. ==안타깝지만 이를 닦지 않으면 입안뿐 아니라 온몸에 악영향을 미칩니다.== 최근 들어 치주염과 다른 질병이 함께 발생하는 예가 많이 보고됐고, 치주염이 이러한

제 4 장 아찔한 인간편

질병의 위험성을 높인다고 지적하는 전문가도 있을 정도지요. 어디까지나 단순한 상관관계이지 인과 관계가 아니란 것에 주의해야 하겠죠.

그러나 증식된 미생물이 직접 영향을 미치는 경우나, 염증을 일으킨 단백질의 영향 등 치주염이 인체에 미치는 영향은 여러 방면에서 다양하게 나타납니다. 증식된 미생물의 영향으로 폐렴이나 천식, 입술 헤르페스 등이 생기기도 하죠.

영향은 입 주변에 국한하지 않고 어디든 염증을 일으키죠. 따라서 혈압이 높아져 심장병의 위험이 커지고, 염증을 일으키는 단백질의 영향으로 인슐린에 대한 내성이 상승해 당뇨병이 생기기도 합니다. 인과 관계는 불분명하지만, 신장병이나 치매도 치주염과 관련이 있으며 치주염을 계기로 여러 가지 질병에 시달릴 수도 있습니다.

이러한 질병의 위험을 낮출 수도 있다면 하루에 세 번 3분 정도 양치질하는 그리 나쁘지 않겠죠? 자, 여러분, 양치질합시다.

그래요, 결국 양치질을 했군요. 이번 내기에서는 당신이 패배, 우주까지 날려 버릴 거예요.

"무슨 일이지? 네 입에서 똥 냄새가 나?!"

만약에 인간이 잠을 자지 않으면?

불면 4일째에 심각한 환각, 11일째가 되면 인식 능력이 떨어진다

위험 레벨

1940년대 구소련에서 잠들지 않게 하는 가스를 가득 채운 방에, 다섯 명의 죄수를 15일간 감금하는 실험을 했습니다. 그런데 15일 후 죄수들은 인간이 아닌 '무언가'로 변해서 자신의 뼈나 근육을 마구 잡아 뜯는 행동을 했다고

합니다. 그리고 이 무서운 인체 실험은 역사 속으로 조용히 묻혀 버렸죠……라는 '도시 괴담'으로 인터넷상에서 유명한 소련의 수면 실험 이야기 들어 보셨죠? 하지만 안심하세요. 그저 지어낸 이야기니까요. 하지만 만약에 인간이 잠을 자지 않는다면 어떻게 될지 궁금하지 않나요? 하루나 이틀 정도는 밤을 샌 경험이 있을테지만, 이번에는 그 정도로 끝나지 않아요. 아니, 뭔 잠을 자려는 거예요?

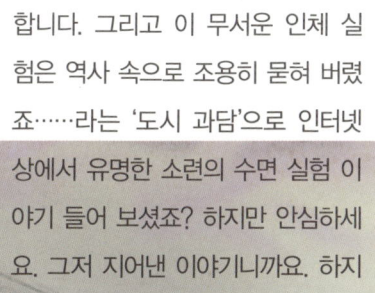

 인간이 잠을 자지 않으면?

자는 이유는 명확하지 않지만, 자야만 하는 이유는 많다

왜 잠을 자야 할까, 수면중에는 도대체 어떤 상태일까 등 잠에 관해서는 근본적으로 아직 밝혀지지 않은 부분이 많고, 현재도 활발하게 연구되고 있습니다. 알려진 건 동물 대부분이 적어도 수면에 가까운 상태가 되는 시간이 있다는 것과, 잠을 자지 않는 동물은 존재하지 않을 확률이 크다는 것이지요.

한편, 잠을 자지 않으면 어떻게 될까 하는 문제에 대해서는 상당히 연구가 진행돼 있습니다. 잠을 자지 않으면 꼬박 하루가 지나기 전에 영향이 나타나기 시작합니다.

한 연구에 따르면 22시간 자지 않은 사람은 혈중 알코올 농도 0.05퍼센트˚인 사람보다도 반응 속도가 느리고, 혈중 알코올 농도가 0.1퍼센트인 사람보다도 반응 정확도가 떨어진다고 합니다. 즉 실수하는 횟수가 많아지는 것이죠. 따라서 잠이 부족할 때는 운전은 하지 않는 게 현명하겠지요.

24시간 자지 않으면 주로 뇌에 영향이 나타납니다. 감정이나 기억 처리와 함께 원시적인 반응에 중요한 역할을 담당하는 편도체가 논리나 사회성을 담당하는 전두엽과의 신호 교환을 급격하게 줄이고, 스트레스 반응에 중요한 역할을 하는 청반핵이란 뇌 부위와의 작용을 늘립니다. 그에 따라 ==청반핵은 우리가 일상생활에서 만나는 다양한 상황을 위험하다고 판단하고 작은 일에도 화를 내는 등== 스트레스에 대한 내성이 극단적으로 낮아집니다.

게다가 ==자신의 능력이 저하된다는 걸 깨닫지 못한다==는 연구 결과도 있습니다. 36시간 잠을 자지 않은 사람들에게 단기 기억 테스트를 했더니 결과가 평소보다 나쁜데도 자신의 기억을 자신했다고 합니

● **혈중 알코올 농도 0.05퍼센트** – 숨을 내쉴 때의 알코올 농도가 1리터당 0.25밀리그램으로 상당하고, 이것은 음주운전으로 면허가 취소되는 수준이다.

다. 또 이렇게까지 잠을 자지 않으면 인간은 '마이크로 슬립(Microsleep)'이라는 상태에 빠질 가능성이 커집니다. 마이크로 슬립이란 몇 초에서 2분 정도의 짧은 시간 가수면 상태가 되는 현상으로, 본인은 순간적으로 시간이 지나간 것처럼 느낀다고 하지요.

이 상태가 며칠간 이어지면 급기야 환각을 보기도 합니다. 1964년에 미국의 고교생 랜디 가드너는 11일 동안 전혀 잠을 자지 않는 무수면 프로젝트에 도전했지요. 그런데 4일째에 도로 표지판이 사람으로 보이거나, 자신이 유명한 미식축구 선수라고 착각하는 등 심한 환각에 시달렸다고 합니다. 11일째에는 자신이 지금 뭘 하는지 이해하기도 힘들었지요. 그는 무사히 프로젝트를 마쳤지만, 몇 년 후 심한 불면증에 시달리게 됐다고 해요.

실제로 이 이상 잠을 자지 않으면 어떻게 될까요? 현재까지 공식적인 기록으로는 확실히 11일 이상 잠을 자지 않은 사람은 없어요. 그런데 쥐를 전혀 자지 않게 한 실험에서는 11일에서 32일째 사이에 모든 쥐가 죽었다는 결과가 있습니다. 인간도 쥐와 마찬가지로 전혀 자지 않으면 결국에 죽음에 이를 거란 의견에 회의적인 시각도 있지만, 어쨌든 잠을 자지 않는 건 백해무익하다고 할 수 있지요.

그렇지 않아도 현대인은 늘 수면 부족에 시달립니다. 좀처럼 잠이 오지 않는 밤에는 유튜브에 있는 바이언스 영상을 자장가 삼아 잠들어 보는 것도 나쁘지 않을 것 같군요.

"이봐! 지금 잠을 잔다고? 실험 중이잖아?"

위험 레벨

만약에

인간이 통증을 느끼지 못하면?

상처투성이가 된다

자기도 모르는 새 손가락을 물어

출산이나 요로 결석, 퇴행성 관절염 등은 인간이 느끼는 통증 중에 최대라고 하지요. 거기까지는 이르지 않더라도 상처로 인한 통증이나 두통 등에 시달리는 사람도 많아요. 극심한 통증에 시달릴 때 '통각 같은 건 사라져 버리면 좋을 텐데' 하고 생각한 적은 없나요?

사실 전혀 통증을 느끼지 못하는 사람도 있습니다. 극히 드물지만 말이죠. 이는 언제나 통증에 시달리는 사람에게는 너무나 갖고 싶은 능력일 것입니다. 언뜻 보면 누구나 부러워할 만한 최상의 상태 같지만 실제로도 그럴까요? 통증을 느끼지 못하는 게 무서운 '저주'가 되지는 않을까요?

 인간이 통증을 느끼지 못하면?

속임수인가, 저주인가, 통증을 느끼지 못하는 사람의 말로

선천적으로 통증을 느끼지 못하는 사람이 있어요. 유전자가 변이하거나 이미 변이한 유전자로 인해 나타나는 증상이라고 생각합니다. 통증 관련 유전자는 하나가 아니어서 원인이 되는 유전자도 여러 개고, 어느 유전자가 변이했는지에 따라 증상도 다르게 나타납니다. 예를 들면 후각이 소실되는 유형과 가벼운 기억 장애가 발생하는 유형도 있지요.

마치 질병 설명 같다고요? 그렇다면 완전 정답. 사실 통증을 느끼지 못하는 건 위험한 질병이고, 발한에 이상이 생기는 유형인 선천성 무통각증 및 무한증은 국가가 지정한 난치 질환에 속합니다. 안타깝지만 통증을 느끼지 못하는 건 꾸며 낸 속임수가 아니라 생명을 잃을 수도 있는 질병입니다.

통증을 느끼지 못하는 게 왜 문제일까요? 이를 설명하기 위해 미국에 사는 한 소녀의 이야기를 들려드리지요. 소녀는 선천적으로 통증을 느끼지 못했지만, 갓 태어났을 때는 부모도 이를 알아차리지 못했습니다. 그러다가 한 살 무렵에 손가락으로 눈을 할퀴어 심한 각막 박리를 일으켜 버렸지요. 의사는 눈을 보호하기 위해서 일시적으로 소녀가 눈을 뜨지 않도록 봉합했는데, 세상에 소녀가 손으로 눈꺼풀을 잡고 봉합실을 뜯어 버렸다고 합니다. 그 뒤로도 치료하는 데 어려움이 계속되었지요. 네 살이 될 무렵에는 손가락을 세게 물어서 뼈가 드러나고 손가락이 피투성이가 되기도 했어요. 혀도 세게 씹어서 빨갛게 부어오른 끝에 한때는 물도 마실 수 없어 탈수증 위험에 처하기도 했지요.

결국 부모는 고심을 거듭한 끝에 딸의 모든 치아와 곪은 왼쪽 안구를 적출하기로 결단을 내렸습니다. 현재 소녀의 상태는 2018년 잇몸 수술을 해 치아를 되찾을 수 있는 희망이 있지만, 시력은 거의 없다고 합니다.

이같이 통증을 느끼지 못해도 몸에 상당한 영향을 끼칩니다. 이 때문에 '상처를 입어도 문제없이 활동할 수 있다'가 아닌

제 **4** 장 아찔한 인간편

'감각을 느끼지 못한 채 활동한다'라고 표현하는 편이 정확하겠네요.

통증이란 신체가 손상을 입었다는 중요한 정보를 뇌로 전달하는 역할을 합니다. 평범한 사람들은 성장하면서 통증을 피하기 위한 행동을 선택하도록 학습하지요. 하지만 선천적으로 통증을 느끼지 못하는 아이는 그런 학습 기회가 없기 때문에, 때로는 무모한 행동으로 목숨을 잃는 사례도 있습니다.

직접적이지는 않더라도 본인도 모르는 사이에 생긴 상처 부위로 병원균이 침입하거나, 물체의 온도를 몰라서 큰 화상을 입는 등 간접적으로 생명을 위협하는 상황도 많이 생기지요. 게다가 선천성 무통각증이나 무한증은 발한 이상으로 체온 조절이 잘되지 않아, 고열로 목숨을 잃는 수도 있어요. 선천적으로 통증을 느끼지 못하는 사람 중 스무 살까지 살아남은 사람은 극히 소수라고 합니다.

한 환자의 아버지는 딸이 통증을 느낄 수 있다면 뭐든지 하겠다, 자신의 오른팔을 잘라 내어도 좋다고 울먹였습니다. 주위 사람이 그렇게 절절하게 느낄 만큼, 통증을 느끼지 못하는 능력이라는 건 무서운 '저주'라고 할 수 있겠지요.

또 생명에 지장은 없지만 신체에 돌이킬 수 없는 상처를 입을 가능성이 매우 크죠. 앞에서 소개한 소녀의 사례 외에도, 골절을 방치해 뼈가 비뚤어진 상태로 낫는 예도 있습니다. 게다가 이유는 밝혀지지 않았지만 황색포도상구균에 대한 저항력이 약한 환

 인간이 통증을 느끼지 못하면?

자가 많고, 피부의 염증이나 농양(신체 조직 내에 고름이 생기는 병), 골수염의 위험이 커지는 예도 있지요.

 그렇다고는 해도 부모가 끈기 있게 아이에게 이야기를 들려주고, 일상생활에서도 항상 세심하게 주의를 기울이며, 정기적으로 병원에서 검사를 받는다면 통증을 느끼지 못하는 것 자체는 큰 문제가 되지 않습니다. 더욱이 근래에는 통증을 느끼지 못하는 환자의 유전자를 효과적으로 활용할 수 있을지 검토하려는 움직임도 있습니다.

 현대 사회에는 통증에 시달리는 사람이 많기 때문에 만약 유전자 치료 같은 형태로 통증에서 해방될 수 있다면 많은 사람의 삶이 더 풍요로워지겠지요. 만성적인 통증에 시달리는 사람에게는 통증을 느끼지 못하는 능력은 '저주' 같은 것이 아니라 괴로움에서 해방시켜 주는 '구원'일 테니까요.

아파도 웃어댄다?!
후천적으로 통증이 사라지는 경우

 지금까지 선천적으로 통증을 느끼지 못하는 경우를 소개했는데, 후천적으로 통증을 느끼지 못하게 되는 일은 없을까요? 사례는 적지만 전대상피질이나 도피질 같은 통증 처리에 관여하는 뇌 부위가 손상되면, 통증을 불쾌한 것으로 인식하지 못하는 증상이 나타나기도 합니다. 그 경우 본래라면 통증을 느껴야 하는 상황인데도 전혀 아무렇지도 않고 오히려 간지러워서 웃어댄 사례도 보고되고 있습니다.

제 **4** 장 아찔한 인간편

그 같은 환자의 생존율에 관한 데이터는 없지만, 선천적으로 통증을 느끼지 못하는 사람과 마찬가지로 일상생활에 주의를 기울여야 하겠지요. 더욱이 뇌의 손상과 함께 공포심도 잃어 위험에 대한 대처법을 습득하는 데 무관심한 부작용도 있으므로, 무모한 행동을 할 가능성이 커진다고 추정됩니다. 한 연구에서는 자기 몸의 통증을 마치 남의 일처럼 받아들인다고 표현하고 있습니다.

이같이 통증을 느끼지 못하는 건 무서운 '저주'라는 측면도 부정할 수 없습니다. 한편으로 인류가 이룬 과학의 진보는 많은 슬픔을 낳아 온 이 '저주'를, 반대로 사람들을 괴로움에서 구해내는 '구원'으로 바꿀 가능성도 안고 있습니다. 이를 실현할 수 있다면 통증을 느끼지 못하는 사람도 구원받을지 모르지요.

"원하는 걸 손에 넣으려면 대가가 필요하지만…… 이번 대가는 너무 크군. 바이언스 슈트에 감사해야겠어."

191

만약에

초속 29만 9천 792km 광속으로 똥을 누면?

위험 레벨

똥이 핵융합을 시작해서 다른 은하로 날아간다?!

인간은 생리 현상의 하나로 똥을 누지요. 똥을 눌 때 너무 힘을 주는 바람에 변기 속 물이 튀어서 항문을 직격하면 '아, 오늘 엄청 재수 없네' 하는 생각이 들 거예요. 똥은 어떻게 힘을 주느냐에 따라 생각보다 빠른 속도로 변기

물로 떨어집니다. 그럼 똥 누는 속도가 엄청나게 빨라지면 어떻게 될까요?

'엄청나게'란 어느 정도냐고요? 글쎄요, 그럼 광속으로 해 볼까요? 광속은 이 우주에서 가장 빠른 속도, 초속 29만 9천792킬로미터지요. 바이언스 슈트의 힘을 빌려서 변기를 향해 거리낌 없이 똥을 눕시다. 광속으로 똥을 누면 도대체 어떤 일이 일어날까요?

 초속 29만 9천792km 광속으로 똥을 누면?

무한 광속에 가까운 속도로 똥을 짜낸다

우선 광속으로 똥을 누려면 무엇이 필요할지 생각해 볼까요. 20세기 전반까지는 물체의 속도에 제한이 없다고 생각했었지요. 즉 물체에 에너지를 주면 줄수록 속도가 빨라진다고 여긴 것이죠.

그러나 1905년에 아인슈타인이 특수 상대성 이론을 발표한 후 그 생각이 틀렸다는 주장이 제기됐습니다. 물체의 속도가 빨라질수록 가속하기 위해 더 많은 에너지가 필요하고, 그것이 광속에 가까워질수록 필요한 에너지가 급격하게 증가해 광속에 도달하면 무한대가 됩니다. **즉 광속으로 똥을 누려면 무한대의 에너지가 필요하다는 말입니다.**

아무리 바이언스 슈트라도 무한대의 에너지를 만들지는 못하니, 빛의 속도로 똥을 누기는 어려울 듯합니다. 음……, 광속으로 똥을 눈다는 장대한 꿈은 허무하게 포기해야 할까요……. 아니, 아니 포기하기는 아직 일러요. 광속 그 자체는 물리적으로 불가능하다고 해도 한없이 광속에 가까운 속도로 똥을 누는 데 대해서는

이 우주에서 아무도 불가능하다고 말한 적이 없으니까요.

그렇다면 아슬아슬하게 진격해 볼까요. 어느 정도로 아슬아슬한 게 좋을까요? 광속의 99퍼센트, 아니면 99.99퍼센트? 아니, 그걸로는 너무 부족합니다. 여기는 광속과 분간하지 못할 만큼 빨리해서, 광

제 4 장 아찔한 인간편

속의 99.9999999999999999999999999999999999999999999999999999999퍼센트로 합시다. 9가 56개나 줄지어 있으니 한없이 광속에 가깝다는 걸 느낌으로 알겠지요.

그러면 똥을 이 속도로 빠르게 누려면 어느 정도의 근력, 즉 힘이 필요할까요? <mark>똥을 눌 때는 주로 복근을 사용합니다.</mark> 평균적인 똥의 중량은 200그램 정도인데, 그것을 거의 광속까지 가속시키기 위해 필요한 근력을 계산해 봅시다.

만약 복근의 중량을 5킬로그램, 근육이 수축하는 거리를 10센티미터, 도달 속도를 거의 광속으로 놓으면 필요한 힘을 간단히 계산할 수…… 없습니다. 사실 이렇게까지 광속에 가까워지면, 현재 지구상의 컴퓨터로는 이 계산을 정석대로 할 수 없습니다.

그래서 바이언스가 독자적으로 계산해 보니…… 앗, 나왔습니다. 필요한 복근의 힘은 평균 10의 39제곱 뉴턴(N)이라는 결과가 나왔네요. 아니? 숫자가 너무 커서 상상이 가지 않는다고요? 알기 쉽게 설명하면, <mark>지표에 태양 정도의 질량을 가진 물체를 가져왔을 때 작용하는 중력의 5천만 배 정도 됩</mark>니다. 그래도 이해하기 힘들다면 함께 광속으로 똥을 누기로 합시다.

그럼 갈까요? 바이언스 슈트를 입고 화장실에 걸터앉아 복근에 힘을 줍니다. 초 읽기에 들어가 5초 전, 4, 3, 2, 1. 뿌지직! 축하드려요. 무사히 항문에서 거의 광속으로 똥을 발사했습니다.

핵융합도 하는 거의 광속 똥, 0.04초 만에 지구 관통

어이쿠, 어마어마한 충격파네요. 거의 광속으로 이동하는 똥이 공기 분자와 충돌하면 속도가 너무 빨라서 핵융합을 시작해 버립니다. 그에 따라 어마어마한 에너지를 방출해 주위의 모든 것을 플라스마(강력한 전기장 혹은 열원으로 가열되어 기체 상태를 뛰어넘어 전자, 중성입자, 이온 등 입자들로 나누어진 상태)로 바꾸죠.

 **초속 29만 9천792km 광속으로 똥을 누면?**

똥은 그 기세 그대로 변기 물로 빠지는데 맙소사, 물도 핵융합시킵니다. 아니, 그게 끝이 아닙니다. 변기, 배관, 지면까지 한순간에 밀고 들어가 접촉한 모든 원자를 핵융합시켜 버리죠. 이 시점에서 <mark>우리 집 화장실과 그 주변은 마치 핵폭발의 중심지같이 초토화되겠지요.</mark>

그도 그럴 것이 똥 안에 수소 원자가 단 하나라 해도, 티엔티(TNT)로 환산하면 500메가톤, 즉 인류 역사상 가장 강력한 핵폭탄인 차르 봄바●의 10배 정도 위력을 발휘하는 것이지요.

그래도 아직 끝나지 않았나 봐요. 땅속으로 밀고 들어간 똥의 기세는 전혀 약해질 기미가 보이지 않고 <mark>지각, 맨틀, 외핵, 그리고 내핵에 도달하더니 끝내 지구를 관통해 버립니다.</mark> 여기까지 걸리는 시간은 불과 0.04초. 지구는 거의 광속의 똥이 통과한 구멍과 그 구멍의 벽을 따라 핵융합 반응이 일어나 지옥 같은 광경이 펼쳐지겠지요. 에너지가 너무 커서 지구 전체가 파괴될 수도 있습니다.

이렇게 해서 우주 공간으로 내던져진

광속의 똥은 지구를 관통한 정도로는 속도가 전혀 줄어들지 않습니다. 어이쿠, 최악의 전개로군요. <mark>거의 광속의 똥이 날아가는 방향에 달이 있는 것 같네요······.</mark> 지구를 관통한 1.2초 후에는 달과 충돌하는데, 지구와 완전히 똑같이 관통해 버립니다.

● **차르 봄바**(Tsar Bomba) – 소련이 개발한 사상 최대의 수소 폭탄. '차르 봄바'란 '폭탄의 황제'라는 뜻이다.

제 **4** 장 아찔한 인간편

그래도 여전히 거의 광속 똥의 기세는 누그러지지 않습니다. 이때 똥이 가진 총에너지는 티엔티(TNT)로 환산하면 10의 28제곱 정도. 이것은 일에이(Ia)형형 초신성 폭발과 거의 맞먹는 에너지입니다. 만약 태양과 충돌했다고 해도 태양을 흔적도 없이 날려 버려서 태양계가 종말을 맞을지도 모릅니다.

거의 광속 똥의 여행은 여전히 멈추지 않습니다. 20시간 후에는 태양계 밖을 비행하는 보이저 1호*를 추월해 지구에서 가장 먼 곳을 비행하는 인공 물체가 되지요. 그 후 태양의 중력은 물론이고 은하계의 중력까지 여유롭게 벗어나 다른 은하를 향해서 날아갈 것입니다.

결론, 똥을 눌 때 너무 힘을 주면 인류와 지구에도 위험이 미친다! 이제부터 똥을 눌 때는 부드럽게 살살 밀어내세요, 알았죠?

● **보이저 1호** – 1977년 발사된 우주 탐사선으로, 우주 탐사 역사상 가장 많은 행성을 방문해 수많은 임무를 완료하고 현재는 태양계 끝자락을 너머 성간 우주를 계속 항해하고 있다.

"네가 거의 광속으로 똥을 눈 탓에 지구가 어처구니없는 일을 당했잖아!"

만약에

인간이 뇌를 100퍼센트 사용하면?

위험 레벨

따라가지 못하고 사망한다?!
몸이 100퍼센트의 뇌를

기억, 사고, 신체를 조절하는 사령탑인 인간의 뇌는 모두 합해 1천억 개에서 2천억 개 사이의 세포로 이루어져 있어요. 뇌를 종종 컴퓨터와 비교하곤 하는데, 정보 처리 속도로 생각하면 슈퍼컴퓨터에 필적한다고 알려졌습니다. 아니, 오히려 인간의 뇌가 1초 동안 하는 활동은 슈퍼컴퓨터가 40분 동안 하는 활동에 해당한다는 설도 있을 정도입니다.

게다가 우리 뇌의 능력은 뇌 전체를 사용하지 않고 발휘된다고도 알려져 있어요. 그렇다면 뇌가 최대한으로 사용되면 어떻게 될까요? 만약에 뇌가 100퍼센트 사용되면 우리 인간의 몸에는 어떤 일이 일어날까요?

 인간이 뇌를 100퍼센트 사용하면?

우리 뇌는 번갈아 가며 사용된다?!

인간의 뇌는 전체의 10~15퍼센트밖에 사용되지 않는다고 합니다. 몇 개의 설이 있는데, 주된 설은 세 가지입니다. 첫 번째는, 알베르트 아인슈타인이 '인간은 잠재 능력의 10퍼센트밖에 발휘하지 못한다'라고 말한 데서 유래한 것이지요.

두 번째는, 뇌의 90퍼센트를 차지한다고 알려진 교세포(glia)와 관련 있습니다. 교세포는 신경세포를 돕는 작용을 하지만, 정보 전달에는 직접 관여하지 않는다고 여겨졌습니다. 이 일로 미루어 보면 뇌는 나머지 10퍼센트를 사용해 정보를 전달한다고 예측할 수 있고, 그래서 뇌의 10퍼센트밖에 사용하지 않는다는 가설이 탄생한 것입니다.

그리고 세 번째는, 뇌를 자극했을 때 반응하지 않거나 역할이 판명되지 않은 '침묵 영역(silent area)'이라고 불리는 부분이 있는 걸로 봐서 뇌는 전부 사용되는 건 아니라고 생각한 것입니다.

그러나 이들 세 가지 설은 현재 부정되거나 신빙성을 의심받고 있습니다. ==뇌세포에는 각각 역할이 있고, 자신이 담당하는 정보에 대해서만 활동하는 게 아닐까 생각되고 있습니다.== 또 뇌 전체가 동시에 활동하는 것이 아니라 ==뇌 부위를 번갈아 가며 사용해, 쉬는 부분을 만들어서 뇌의 기능을 유지하는 게 아닐까== 하는 예측도 있습니다.

자극에 대해 뇌 전체가 반응하는 것이 아닌, 자극의 종류에 따라 뇌가 활성화되는 부분이 다르다는 것은 과학적으로 증명됐습니다. 그러면 왜 뇌는 한꺼번에 활동하지 않는 걸까요? 그 문제는 '만약 뇌를 100퍼센트 사용할 수 있다면 어떻게 될까?'에 대한 것이기도 하지요.

뇌의 중량은 체중의 2~3퍼센트인데, 세포 활동에 필요한 에너지를 생산하는 데 체내를 순환하는 산소의 약 20퍼센트를 사용합니다. 게다가 성인의 뇌는 에너지를 생산하는 데 하루에 약 120그램의 포도당을 소비한다고 합니다. 또 뇌는 산소와 포도당을 뇌로 공급하기 위해 체내 혈류량 중 약 15퍼센트를 사용합니다.

뇌 전체가 한꺼번에 활동하는 것이 아니라, 그때그때 일부를 활성화해 뇌로서

제 **4** 장 아찔한 인간편

기능하기만 해도, 이만큼의 산소와 포도당이 필요하다는 말인데요. 그렇다면 만약 뇌를 100퍼센트 사용한다면 산소 사용량이나 포도당 소비량은 단번에 늘어날 것입니다. 이때 우리 인간의 몸에는 도대체 어떤 일이 일어날까요?

자, 실험 대상은 우리 중 한 사람입니다. 바이언스 슈트의 힘을 사용해서 우리 뇌를 100퍼센트 각성시켜 봅시다.

혈류량 감소에 근육 소실, 뇌 풀가동의 크나큰 대가

우선 산소나 포도당을 공급하기 위해서 뇌의 혈류량이 늘어나고, 몸의 다른 부위로 가야 할 혈류량이 줄어듭니다. 장기나 근육 등에 산소와 포도당이 부족해지고, 근육은 이를 보충하기 위해 근단백질을 분해하므로 근육이 점점 소실됩니다. 장기에 미치는 영향은 더욱 심각합니다. 소화기계는 음식물을 소화해 에너지 생산에 사용하기 위한 포도당으로 분해하는 역할을 맡고 있죠. 그런데 이 기능이 영향을 받아 소화가 충분히 되지 않아서, 포도당의 공급량이 줄어들고 말죠. 그 결과 혈당이 떨어져 저혈당증이 일어납니다. 더욱이 뇌가 산소를 대량으로 소비하고 대량의 이산화탄소를 배출하면서, 혈중 이산화탄소량이 증가합니다. 그러면 폐에서 가스 교환이 원활하게 이루어지지 않고, 혈액 속의 산이 비정상적으로 증가해 '호흡성 산증'이 발생합니다.

물론 뇌 자체도 영향을 받습니다. 소화기계가 제 기능을 하지 못해서 포도당 공급이 부족해지고 혈중 산소 농도가 떨어지죠. 심장도 영향을 받아서 뇌로 가는 혈류량도 감소합니다. 뇌가 100퍼센트 활성화되면 이런 상황이 모두 급성으로 단시간에 일어나고 곧 생명에 위기가 찾아오죠. 안타깝지만 현재 인간의 신체는, 뇌가 100퍼센트 활동하는 데 필요한 기능을 갖추지 못한 것 같군요.

 인간이 뇌를 100퍼센트 사용하면?

슈퍼맨이 될 수 있을지도, 감각·사고력의 변화

한편, 뇌가 100퍼센트 사용되면 감각 면에서는 어떤 일이 일어날까요?

SF 영화에서는 뇌를 100퍼센트 가동해서 머리 회전이 빨라지거나 주위의 움직임을 예리하게 포착해, 인간의 능력이 향상되는 것처럼 표현하죠. 사실은 뇌가 활성화되면 인지 능력이 향상된다는 것이 생쥐나 쥐를 사용한 실험에서 증명되었습니다. 재빠르게 움직이는 것에 대한 인지나 인식 수준이 높아지므로, 예를 들면 아주 빠르게 지나가는 자동차의 색이나 모양, 번호판 등을 읽어내는 능력이 생깁니다.

또 인지, 인식 수준이 높아지므로 뇌가 받아들이는 정보량도 많아집니다. 모든 것이 활성화되어 있는 뇌에서는 정보를 더 빠르고 정확하게 기억에서 인출할 수 있습니다. 즉, 감각이 예리해지죠.

그럼 사고력은 어떻게 될까요? 사고력에 대해 말하기에는 뇌의 활성화만으로는 부족할 것 같네요. 사고력이 좋아지려면 역시 훈련이 중요하다는 연구 결과가 나와 있거든요.

이런 연구 결과를 보면, 뇌를 제외한 다른 신체에 미치는 영향에 대처할 수 있다면, 뇌를 100퍼센트 사용하면 인간이 새로운 세계를 경험하게 될 거라

제 **4** 장 아찔한 인간편

상상할 수 있지요. 한편으로 뇌는 균형을 이루면서 기능하기 때문에, 활성화하는 게 무조건 좋지만은 않고, 활성화만으로는 오히려 뇌가 폭주한다는 결과도 있습니다.

오랜 시간에 걸쳐서 진화해 온 인간의 뇌지만, 아직 수수께끼투성이군요.

- **인지 능력** – 지식을 획득하고 사물을 분별할 수 있는 능력으로 문제 해결이나 이해력, 사고력, 비판력 및 창의력과 같은 정신 능력이 포함된다.

"아인슈타인이 죽은 후, 과학자들은 연구를 위해 그의 뇌를 표본(생물의 몸 전체나 일부에 적절한 처리를 가해 보존할 수 있게 한 것)으로 만들고 240개 조각으로 얇게 잘랐다고 해."

만약에 인간이 계속 물속에 있으면?

도전했던 인간이 있다고?! 몸이 퉁퉁 붙는데도,

위험 레벨

일과 공부로 지친 하루를 마무리할 때 느긋하게 목욕하는 사람도 많지요. 따뜻한 욕조에 몸을 담그면 긴장이 풀리면서 이 시간이 영원히 계속되면 좋겠다고 느끼지요.

그 소원을 바이언스가 이뤄 드리죠.

바로 우리 중 한 사람을 계속 물속에 있게 하는 것입니다. **호흡, 식사, 배설 모두 욕조 속에서 해결해야 합니다.** 그것도 24시간365일 내내. 그리고 생명이 끊어진 뒤에도 계속하기로 해요. 좋은 생각이죠?

인간이 계속 물속에 있으면 몸에 어떤 변화가 일어날까요? 손발의 주름이 온몸으로 퍼져 거대한 복숭앗빛 건포도같이 변하는 건 바라지 않을 거예요. 뭐라고요? 이제 와서 거부권은 행사할 수 없어요.

 인간이 계속 물속에 있으면?

실제로 10일 동안 물속에 있었던 남자가 있다!

인간이 물속에 있으면 우선 손발이 쭈글쭈글해진다는 건 쉽게 상상할 수 있어요. 예전에는 피부의 가장 바깥쪽에 있는 각질이 물을 흡수해서 팽창하기 때문이라고 생각했지만, 최근 연구에서는 젖은 손으로도 물건을 잡을 수 있도록 진화한 결과라는 설이 주류를 이룹니다.

손발을 몇 분 동안 물속에 담그면 혈관이 수축하며 주름이 생겨서, 물에서 나온 직후에 물건을 잡아도 잘 미끄러지지 않고, 주름으로 인해 물길이 만들어져서 물이 빨리 흘러나간다고 추정합니다. 자동차 타이어에 홈이 있어서 달리다가도 쉽게 멈출 수 있는 것과 같은 원리입니다.

이처럼 인류는 단시간 물속에 있어도 생활에 지장이 없도록 진화되었고, 실제로 한 시간 정도 욕조에 들어가 있다 해도 특별한 악영향은 없어요. 그런데 물속에 있는 시간이 길어지면 어떤 변화가 나타날까요?

2022년 현재, 물속에서 지낸 시간의 세계 기록 보유자는 2002년에 10일 동안 수조 안에서 생활한 팀 야로우 씨입니다. 다이빙 용품 가게의 판촉 활동이 목적이었던 터라 수조를 쇼핑몰에 설치해, 많은 사람이 구경하기 위해 모였다고 하지요. 우리도 수족관의 물고기 같은 기분을 경험하고 싶다면 실천해 볼 만도 하지만, 그다지 추천하고 싶지는 않군요. 호흡은 물론, 식사나 배설까지 물속에서 해결해야 하거든요.

야로우 씨는 식사나 음료수를 튜브로 섭취하고, 신경 쓰이는 배설은 미리 장세척을 하고 나서 '카데터'라는 관 모양 기구로 해결했다고 하니, 어설픈 각오로 도전한 게 아니란 것을 알 수 있지요. 도전을 끝낸 야로우 씨의 손발은 마치 주름이 잡힌 하얀 소시지 같았으며, 심한 통증이 있었다고 합니다. 다행히도 생명에 지장은 없었지만, 손발이 원래대로 돌아오기까지 약 6주가 걸릴 정도로 손상을 입었던 것 같습니다.

제 **4** 장 아찔한 인간편

오랜 시간 물속에 있으면 손이 왜 쪼글쪼글해질까?

인간의 피부는 오랫동안 물속에 있으면 하얗게 퉁퉁 불죠. 원리는 자세히 모르지만, 물이 조금씩 피부 내부로 스며들기 때문일 거예요. 좀 전에 소개했듯이 물속에 있을 때 손발이 쪼글쪼글해지는 건 각질의 팽창과는 관계없는 듯하지만, 그건 어디까지나 단시간인 경우죠. 몇 시간 이상 물속에 있으면 각질의 팽창이 주요인이 됩니다.

인간 피부의 가장 바깥면인 각질층은 죽은 피부 세포가 지질로 결합해 층을 이룬 구조를 이룹니다. 우리가 물속에 계속 있으면 2~6시간이면 각질층 구조가 흐트러지고 몇 개의 작은 구멍 같은 것이 생깁니다. 약 24시간 후에는 구멍이 커져 야로우 씨의 손발처럼 각질층이 벗겨진 상태가 되죠.

실제로 베트남 전쟁 때 미군 병사는 습지나 논에서 3일 정도 발을 물속에 담그고 있는 임무가 많아, 발이 불어 걷지 못할 정도로 심한 통증에 시달렸다는 기록이 남아 있어요. 이 질병은 '참호족(발이 오랜 시간 비위생적이고 차가운 상태에 노출될 때 일어나는 질병)'이라고도 불리며 미군을 몹시 괴롭혔습니다. 피부는 병원균 등의 위협에서 몸을 보호하는 작용도 하지만, 이런 상태가 되면 방어 기능이 크게 떨어져 감염증에 걸리기 쉬워질 것입니다.

만약에 인간이 계속 물속에 있으면?

수조보다 욕조에 계속 있는 것이 더 위험

욕조 속에서 지낸 지 일주일 정도 지나면, 각질층*이 완전히 떨어져 나가거나 각질층에 구멍이 생기는 등 상상만 해도 안타까운 현상이 발생합니다.

피부가 무너지며 심한 통증이 생기고, 일주일 동안 계속 따뜻한 온도를 유지하는 목욕물에 서식하는 병원균이 일제히 우리 몸속에 침입해 패혈증에 걸릴 수도 있습니다. 피부의 붕괴는 물의 온도가 높을수록 일찍 발생한다는 연구가 있으니, 야로우 씨가 도전한 수조보다 욕조 쪽이 더 위험할 듯합니다.

야로우 씨가 들어가 있던 수조의 경우는, 염소로 살균한 물을 계속 갈아 주어 감염증 대책도 마련했다는 걸 알 수 있지요.

돌고래나 하마, 강치 같은 수생 포유류와 다르게, 육생 포유류는 장시간 물속에 있으면 피험자인 우리와 마찬가지로 피부에 손상을 입는다고 합니다. 수생 포유류는 긴 시간에 걸쳐 진화하면서 피부에 함유된 단백질의 구조가 변화해 말 그대로 24시간 물속에 있어도 전혀 문제가 없거든요. 안타깝지만 우리가 그 경지에 도달하려면 아직 먼 것 같군요.

죽은 후에도 계속 물속에 있다면 어떻게 될까?

그럼 만약 우리가 죽음을 맞이하고도 원하던 대로 계속 욕조 속에 있으면 어떻게 될까요? 물속은 산소가 비교적 적기 때문에 익사체가 육상보다 천천히 부패한다고 합니다.

욕조는 온도가 높아서 단언할 수는 없어요. 하지만 산소가 적은 상태에서 우리 몸을 구성하는 지질이 분해되면서, 늦으면 몇 개월에 걸쳐 시랍이라고 하는 말랑한 치즈 같은 물질이 우리 몸을 덮을 수

제 **4** 장 아찔한 인간편

도 있습니다.

시랍은 미생물에 의해 분해되기 비교적 어려워, 긴 시간에 걸쳐 비누 같은 물질로 변합니다.

결국 비누처럼 변한 우리 몸은 검붉게 물든 욕조의 더운물에 잠긴 상태로 발견될 거예요. 목욕을 천천히 즐길 수 있었던 것 같아서 무엇보다 다행입니다. 목욕물 온도는 어떠셨나요? 아, 대답이 없군요…….

- **각질층** – 파충류 이상의 척추동물의 표피 부분을 이루는 경단백질로 이루어진 물질로 주성분은 케라틴이다. 동물의 몸을 보호하는 비늘, 털, 뿔, 부리, 손톱 따위에 많이 포함되어 있다. 신체의 경우, 피부의 맨 위층이 주로 각질로 이루어져 피부를 보호하는 역할을 한다.

"괜찮아. 죽으면 감각이 무뎌질 테니 너무 무서워 하지 마."

만약에

후지산 정상에서 굴러떨어지면?

위험 레벨 ❗❗❗❗❗

눈사람이 아닌 고깃덩어리로?!
경사면을 구르고 굴러

매년, 새해 첫 해돋이를 보기 위해 후지산 정상에 열 명 가까운 사람이 모입니다. 생각보다 적다고 생각할지 모르지만, 겨울에 후지산 정상까지 다다르기란 무척이나 어렵기 때문이지요. 12월 말이면 후지산 정상의 평균 기온은 영하 15도를 밑돌고, 풍속이 초당 30미터가 넘는 강한 바람이 불기도 합니다.
　후지산뿐 아니라 겨울 산은 대단히 위험해서, 사람들이 목숨을 잃는 안타까운 사고도 많습니다. 특히 발을 헛디뎌서 미끄러지기 때문이죠. **냉동고보다 추운 데다 산소가 희박해서 자기도 모르게 체력이나 기력을 소진해 믿을 수 없는 실수를 할 가능성이 큰 것**입니다. 만약에 우리가 운이 없게도 후지산 정상에서 굴러떨어진다면 어떤 경험을 하게 될까요?

 후지산 정상에서 굴러떨어지면?

뼈가 부러지고 피투성이가 돼도 절대로 멈출 수 없다

시즈오카현과 야마나시현의 통계에 따르면 2011년부터 2020년까지 10년간 총 81명이 후지산에서 목숨을 잃었습니다. 그중 60명이 여름철이 아닌 계절에 사망했으니, 특히 겨울의 후지산이 얼마나 혹독한 환경인지 알 수 있습니다. 예상대로 겨울철 사망 사고는 미끄러져 떨어지는 사고가 많습니다. 만약 후지산 정상에서 발을 헛디뎌서 눈 덮인 경사면을 굴러떨어진다면 어떻게 될까요?

만화에서는 눈사람이 됐다가 점점 커지면서 굴러떨어지지요. 그러나 현실은 좀 더 냉혹합니다.

겨울 후지산의 경사면은 대부분 눈에 덮여 있는데, 그 눈은 산 아래에서 보는 눈과는 완전히 다릅니다. 강한 바람이 세차게 불어댄 탓에 부드러운 눈은 모두 날아가고, 햇빛이 비칠 때마다 급격하게 녹았다 얼기를 반복하면서 후지산의 경사면은 마치 스케이트장 같은 상태가 되지요. 등산용으로 신발 밑에 덧신는 아이젠이 소용없는 경우도 흔합니다.

그 같은 상태에서 발을 헛디디면 어떻게 될지는 분명하지요. 눈사람이 되는 정도로는 어림도 없습니다. 꽁꽁 언 얼음 경사면에서 우리 몸은 빠른 속도로 굴러떨어질 거예요. 한 등산가의 말에 따르면 멈출 기회를 놓쳐 속도가 본격적으로 붙기 시작하면 정상부터 5부 능선까지 계속 미끄러진다고 합니다.

그래도 5부 능선까지 다다른다면 운이 좋은 편이지요. 후지산의 경사면에는 바위가 많아서 미끄러지는 도중에 바위를 피할 수 없습니다. 굴러떨어진 후에 다행히도 목숨을 건진 사람의 체험담은 장렬합니다. 피투성이가 된 얼굴, 여러 군데의 골절, 머리를 부딪쳐서 생긴 의식 장애. 그들이 입을 모아 하는 말은 끝없이 미끄러지는 것에 대한 공포입니다. 미끄러져 떨어지기 시작하면 하늘에 운명을 맡기는 수밖에 없습니다.

실제로 운이 좋으면 가벼운 찰과상 정도로 끝나죠. 하지만 만약 다쳤다 해도 미끄러져 떨어지는 걸 멈출 수는 없습니

제 **4** 장 아찔한 인간편

다. 상상해 보세요. 손발이 골절된 격심한 고통을 느끼면서 전혀 몸을 멈출 수 없는 공포와 고독을 말이에요.

무서운 일이지만 의식을 잃어도, 숨이 끊어져도 계속 구릅니다. 미끄러져 떨어진 사고로 사망한 시신 대다수는 머리와 가슴, 배에 상처가 있었다고 해요. 운 나쁘게 바위에 그런 부위를 부딪혀 버리면 목숨을 건지기 어렵겠지요. 그래도 우리는 계속 미끄러집니다. 바위에 격렬히 부딪히면서 서서히 모양을 바꾸고 결국에는 수백 미터 떨어진 곳에서 성별을 구분할 수 없는 시신으로 발견될 수도 있습니다. 눈사람이 아니라 눈으로 뒤덮인 피투성이의 고깃덩어리 같은 모습으로 말이죠.

다행히 골절 정도로 구르기를 멈춘다 해도, 거기부터 겨울 후지산을 혼자서 하산하는 건 불가능에 가깝겠지요. 구조를 요청해도 기후 조건에 따라서는 구조대가 접근하지 못할 수도 있으니까요.

실제로 2012년에 굴러떨어져서 골절된 남성이 구조를 요청했지만, 강풍 때문에 헬리콥터가 접근하지 못하다가 일몰과 함께 수색을 중단한 일도 있었습니다. 안타깝게도 남성은 다음 날 시신으로 발견됐죠.

간단한 장비만 갖춰 후지산에 오르는 건 대단히 위험합니다. 겨울 산은 미리 꼼꼼하게 준비하고, 항상 철저한 안전 의식으로 자연과 마주하는 사람에게만 보상을 주는 존재인지도 모릅니다. 바이언스 슈트를 입는 것도 잊지 마시고요.

"바이언스 슈트가 있으면 태양계 제일의 올림퍼스 화산도 오를 수 있지."

213

만약에 인체를 냉동 보존하면?

뇌가 셔벗같이 흐물흐물해진다?!

위험 레벨 ❗❗❗❗❗

생명이 있다면 누구에게나 죽음이 찾아오기 마련이지요. 지금까지 죽음을 피해 간 인간은 없습니다. 하지만 인간은 대단히 욕심 많은 생물입니다. 날마다 죽지 않는 방법을 연구하고 있으니 말이에요. 먼 미래에는 불로초 같은 약을 만들어 낼지도 모르겠네요.

하지만 그런 미래를 기다릴 것 없이, 오래도록 차가운 잠에 빠져 있는 것은 어떨까요? 그래요, 인체를 냉동 보존하는 거죠. 극저온 환경에서 인체 조직의 부패를 막고, 신체와 뇌를 가능한 한 완전한 상태로 보존하는 기술을 '인체 냉동 보존술(크라이오닉스)'이라고 하는데 이제는 어엿한 비즈니스가 되어 가고 있습니다. 이미 미국, 영국, 캐나다, 오스트레일리아, 독일, 중국, 러시아 등에서 인체 냉동 보존이 시행되고 있습니다. 어때요? 우리도 얼어 볼까요?

 인체를 냉동 보존하면?

과연 미래에도 내 모습 그대로 깨어날 수 있을까?

그럼 인체 냉동 보존술이 어떻게 실행되는지 살펴봅시다. 현재의 법률로는 살아있는 사람을 냉동하는 건 허가되지 않습니다. 따라서 첫 단계로 의사의 사망 확인을 거치는 것이 필수입니다. 그 후 시신을 대량의 얼음물에 담가 냉각 처리해, 미생물이나 세균으로 인한 인체 조직의 분해 속도를 최소화하죠. 동시에 인공호흡 장치를 사용해 폐를 수축시키고 혈액순환기로 혈액을 몸속으로 순환시킵니다. 이런 과정을 거쳐 신체의 부패를 더욱더 늦춥니다.

다음으로, 인체의 기능을 억제하는 억제제를 혈관에 주입하고 마취제도 투여합니다. 혈액을 순환시키면서 서서히 보존액과 바꿔 넣습니다. 보존액으로 완전히 교체하고 나면 액체질소를 사용해 생체의 변화가 완전히 멈추는 영하 196도까지 매시간 0.5도씩 서서히 온도를 낮춰갑니다. 영하 196도에 도달하려면 일주일 정도 걸립니다. 이 상태를 '유리화'라고 하며, 그대로 인체 보존용 탱크에 넣으면 끝입니다. 이제는 꿈조차 꾸지 않는 깊은 잠 속에서 미래의 부활을 기다리기만 하면 되지요. 잠을 깨우는 건 왕자의 키스가 아니라 미래의 최첨단 과학 기술, 바이언스 키스라고나 할까요.

'뭐, 이렇게 간단해?' 하고 생각할 거예요. 하지만 그리 단순한 이야기가 아닙니다. 냉동 보존술에는 해결해야 할 문제도 많거든요.

우선 뇌세포는 대단히 약해서 얼마나 완전하게 보존할 수 있을지 모릅니다. 일상적인 온도에서 겨우 4~6분간 적절한 산소와 혈액량이 부족하기만 해도 뇌는 회복할 수 없을 정도로 손상됩니다. 뇌전문의 대부분은 초저온 상태에서 인간의 뇌에 무슨 일이 일어날지 전혀 모른다고 말합니다.

작가이자 과학 사학자인 마이클 셔머는 얼린 딸기를 해동하면 흐물흐물해지는 걸 예로 들며, 상온으로 되돌렸을 때 뇌나 신체의 일부가 셔벗 상태로 짓물러져서 잃게 될지도 모른다고 지적했습니다.

제 **4** 장 아찔한 인간편

또 캐나다 맥길대학교의 마이클 헨드릭스 박사는 냉동한 인체를 부활시키는 기술은 '원리상으로조차 있을 수 없다'고 주장합니다. 박사에 의하면 혹시라도 의식을 되돌릴 수 있다고 해도 새로운 인간으로 태어나는 것이고 잠들기 전의 기억을 돌리기란 불가능하다는 것이죠.

그러나 생각할 수 있는 건 전부 하지 않으면 직성이 풀리지 않는 것이 인간이라는 생명체잖아요. 당연히 인체 냉동 보존술을 지지하는 사람도 있습니다. 미국의 크라이오닉스 연구소의 소장이었던 데니스 코왈스키는 성공하지 못한다 해도 위험을 감수할 가치는 있다고 말합니다. 냉동 탱크 속에서 영원히 차가운 잠에 빠진 사람들을 기다리는 게 생명을 되살리는 꿈의 기술일지, 엽기적인 결말일지 지금으로서는 아무도 알 수 없지요.

그리고 비용 얘기를 빼놓을 수 없군요. 미국의 알코르 생명연장재단에서는 온몸이 20만 달러, 머리 부분만은 8만 달러, 미국 크라이오닉스 연구소에서는 생명보험 적용을 받는다면 엔화로 280만 엔, 한화로 불과 2천700만 원 정도면 냉동 보존할 수 있다고 하네요. 얼어 버리는 것도 그리 나쁘지 않을 것 같군요.

"현재, 냉동 보존하고 있는 최연소 인간은 두 살짜리 태국인 마테린 나오바랏퐁이라고 해."

참고문헌

제1장  아찔한 우주편

1 목성으로 떨어지면?
- https://www.pnas.org/content/114/26/6712
- http://www.igpp.ucla.edu/people/mkivelson/Publications/279-Ch24.pdf
- https://www.nature.com/articles/41718
- https://iopscience.iop.org/article/10.3847/0004-637X/820/1/80/pdf
- https://arxiv.org/pdf/1608.02685.pdf
- https://www.nature.com/articles/s41586-019-1470-2

2 천왕성으로 떨어지면?
- https://www.nature.com/articles/s41550-018-0432-1
- https://www.nature.com/articles/nature02376
- https://voyager.jpl.nasa.gov/mission/science/uranus/
- https://arxiv.org/pdf/1503.03714.pdf
- https://pubs.acs.org/doi/abs/10.1021/acs.jpca.1c00591
- https://www.nature.com/articles/292435a0
- https://link.springer.com/article/10.1007%2Fs11214-020-00660-3

3 방귀로 우주까지 날아가면?
- http://dlibra.umcs.lublin.pl/Content/22022/PDF/czas16364_68_2013_5.pdf
- https://www.grc.nasa.gov/www/k-12/rocket/newton3r.html
- https://www.britannica.com/science/mechanics/Conservation-of-momentum
- https://www.sciencedirect.com/science/article/abs/pii/0032063389900305?via%3Dihub
- https://hypertextbook.com/facts/2006/centerofmass.shtml
- https://www.grc.nasa.gov/www/k-12/airplane/mach.html

4 맨몸으로 우주 공간에 뛰쳐나가면?
- https://www.wemjournal.com/article/S1080-6032(20)30165-4/fulltext
- https://personal.ems.psu.edu/~bannon/moledyn.html
- https://sitn.hms.harvard.edu/flash/2013/space-human-body/
- https://pubmed.ncbi.nlm.nih.gov/23447845/
- https://ntrs.nasa.gov/api/citations/19660005052/downloads/19660005052.pdf
- https://physics.stackexchange.com/questions/67503/how-fast-would-body-temperature-go-down-in-space
- https://www.hq.nasa.gov/alsj/ApolloFlags-Condition.html

5 지구가 블랙홀에 빠지면?
- https://science.nasa.gov/astrophysics/focus-areas/black-holes
- https://medium.com/carre4/if-the-sun-is-replaced-by-a-black-hole-what-happens-ce24a2b2ba60
- https://www.nasa.gov/vision/universe/starsgalaxies/Black_Hole.html
- https://www.stat.go.jp/data/kokusei/2010/final/pdf/r07-06.pdf
- https://www.discovermagazine.com/the-sciences/what-to-expect-if-earth-ever-falls-into-a-black-hole
- https://theconversation.com/what-would-happen-if-earth-fell-into-a-black-hole-53719
- https://whatifshow.com/what-if-earth-were-sucked-into-black-hole/

6 우주의 종말인 빅 크런치가 일어나면?
- https://wmap.gsfc.nasa.gov/universe/uni_age.html
- https://www.nature.com/articles/d41586-020-02338-w
- https://arxiv.org/pdf/astro-ph/0107571.pdf
- https://www.nature.com/articles/d41586-020-03201-8
- https://arxiv.org/pdf/2011.11254.pdf
- http://curious.astro.cornell.edu/our-solar-system/104-the-universe/cosmology-and-the-big-bang/expansion-of-the-universe/609-what-would-the-big-crunch-look-like-to-an-observer-on-earth-advanced
- https://solarsystem.nasa.gov/basics/solartemperature/

7 우주 끝에 다다르면?
- https://www.space.com/universe-age-14-billion-years-old
- https://www.space.com/24073-how-big-is-the-universe.html

- https://www.loc.gov/everyday-mysteries/item/what-does-it-mean-when-they-say-the-universe-is-expanding/
- https://www.cfa.harvard.edu/seuforum/faq.htm
- https://medium.com/starts-with-a-bang/ask-ethan-is-the-universe-infinite-or-finite-ec032624dd61
- https://www.youtube.com/watch?v=oCK5oGmRtxQ
- https://www.britannica.com/science/cosmology-astronomy/The-Einstein-de-Sitter-universe
- https://www.space.com/34928-the-universe-is-flat-now-what.html
- http://www.esa.int/Science_Exploration/Space_Science/Is_the_Universe_finite_or_infinite_An_interview_with_Joseph_Silk
- https://www.kahaku.go.jp/exhibitions/vm/resource/tenmon/space/theory/theory02.html

8 베텔게우스가 초신성 폭발을 일으키면?
- https://curious.astro.cornell.edu/about-us/51-our-solar-system/the-sun/birth-death-and-evolution-of-the-sun/167-how-do-you-calculate-the-lifetime-of-the-sun-advanced
- https://iopscience.iop.org/article/10.3847/0004-637X/819/1/7/pdf
- https://www.spiedigitallibrary.org/conference-proceedings-of-spie/11490/2568900/Betelgeuse-scope--single-mode-fibers-assisted-optical-interferometer-design/10.1117/12.2568900.short?SSO=1&tab=ArticleLink
- https://www.nationalgeographic.com/science/article/betelgeuse-is-acting-strange-astronomers-are-buzzing-about-supernova
- https://iopscience.iop.org/article/10.3847/1538-4357/abb8db
- https://arxiv.org/pdf/1009.5550.pdf
- https://www.nature.com/articles/nphys172
- https://arxiv.org/ftp/astro-ph/papers/0601/0601261.pdf
- https://astronomy.com/news/2020/02/when-betelgeuse-goes-supernova-what-will-it-look-like-from-earth

9 태양계의 제9 행성이 발견되면?
- https://solarsystem.nasa.gov/planets/dwarf-planets/pluto/overview/
- https://www.nature.com/articles/nature13156
- https://iopscience.iop.org/article/10.3847/0004-6256/151/2/22/pdf
- https://hubblesite.org/contents/news-releases/2007/news-2007-27.html
- https://arxiv.org/pdf/2108.09868.pdf
- https://www.universetoday.com/146283/maybe-the-elusive-planet-9-doesnt-exist-after-all/
- https://iopscience.iop.org/article/10.3847/PSJ/abe53e/pdf

10 1,500만°C의 뜨거운 태양에 사람이 떨어지면?
- https://www.pveducation.org/pvcdrom/properties-of-sunlight/solar-radiation-in-space
- https://web.archive.org/web/20041118125616/https://history.nasa.gov/SP-402/p2.htm
- https://solarscience.msfc.nasa.gov/interior.shtml
- https://www.sws.bom.gov.au/Educational/2/1/11
- https://civilizationsfuture.com/joules/
- http://adsabs.harvard.edu/full/1992ApJ...401..759M

제2장 아찔한 생물편

1 8.8m, 249kg의 아나콘다 몸을 매듭짓듯 묶으면?
- https://nationalzoo.si.edu/animals/green-anaconda
- https://www.nationalgeographic.com/animals/reptiles/facts/green-anaconda
- Simberloff, Daniel. "RN Reed and GH Rodda (eds): Giant constrictors: biological and management profiles and an establishment risk assessment for nine large species of pythons, anacondas, and the boa constrictor." (2010): 2375-2377.
- http://www.rakuwa.or.jp/otowa/shinryoka/seikei/sekitsui_shikumi.html
- http://www.kameda.com/patient/topic/spinal/02/index.html
- https://www.britannica.com/animal/boa-snake-family

- https://www.sekitsui.com/function/anatomy/
- https://www.nationalgeographic.com/animals/article/anacondas-sex-death-brazil-mating

❷ 지구에 바퀴벌레가 사라지면?
- https://www.afpbb.com/articles/-/3183993
- Bell, William J., Louis M. Roth, and Christine A. Nalepa. Cockroaches: ecology, behavior, and natural history. JHU Press, 2007.
- Youngsteadt, Elsa, et al. "Do cities simulate climate change? A comparison of herbivore response to urban and global warming." Global change biology 21.1 (2015): 97-105.
- 「ゴキブリ大全」(青土社)
- Uehara, Yasuhiro, and Naoto Sugiura. "Cockroach-mediated seed dispersal in Monotropastrum humile (Ericaceae): a new mutualistic mechanism." Botanical Journal of the Linnean Society 185.1 (2017): 113-118.
- Pellens, Roseli, and Philippe Grandcolas. "The conservation-refugium value of small and disturbed Brazilian Atlantic forest fragments for the endemic ovoviviparous cockroach Monastria biguttata (Insecta: Dictyoptera, Blaberidae, Blaberinae)." Zoological science 24.1 (2007): 11-19.
- Schapheer, Constanza, Roseli Pellens, and Rosa Scherson. "Arthropod-Microbiota Integration: Its Importance for Ecosystem Conservation." Frontiers in microbiology 12 (2021): 2094.

❸ 사람이 피라냐 떼가 헤엄치는 수영장에 들어가면?
- 「ゆるゆるアマゾン図鑑」(学研)
- 「ザ・ピラニア」(誠文堂新光社)
- 「知ってるかな? ピラニアの生活」(旺文社)
- 「本当にいる世界の超危険生物大図鑑」(笠倉出版社)
- 「戦う水中生物大百科 最強王決定戦」(西東社)
- 「何が怖い? どこが危ない? 危険生物を知ろう！」(教育画劇)
- https://edition.cnn.com/2013/12/26/world/americas/argentina-fish-attack/index.html#:~:text=About%2070%20people%20were%20injured,No%20one%20was%20killed.
- https://www.bbc.com/news/world-latin-america-31146236
- https://www.independent.co.uk/climate-change/news/piranha-attacks-on-swimmers-in-brazil-leave-over-50-people-injured-as-droughts-force-the-lethal-predators-to-migrate-to-deeper-waters-a6877616.html

❹ 인간이 무성 생식으로 번식하면?
- https://www.ncbi.nlm.nih.gov/pmc/articles/PMC2390672/
- https://www.nature.com/articles/4441021a#
- https://www.nature.com/articles/nature02402
- https://www.sciencedirect.com/science/article/abs/pii/S0147619X9991421X?via%3Dihub
- https://www.tandfonline.com/doi/full/10.1080/03014460.2019.1687752
- https://www.sciencedaily.com/releases/2009/04/090415075148.htm
- https://web.archive.org/web/20180821194641/https://www.apsnet.org/publications/apsnetfeatures/Pages/PanamaDiseasePart1.aspx

❺ 식인 아메바에 감염되면?
- https://necsi.edu/parasitic-relationships
- https://www.cambridge.org/core/journals/epidemiology-and-infection/article/epidemiology-of-primary-amoebic-meningoencephalitis-in-the-usa-19622008/1CADA8AB942359501CCD94BA032B4DF5
- https://www.cdc.gov/parasites/naegleria/illness.html
- https://www.cdc.gov/parasites/naegleria/pathogen.html
- https://academic.oup.com/cid/article/73/1/e19/5830738?login=true
- https://www.who.int/news-room/fact-sheets/detail/drowning
- https://www.cdc.gov/parasites/naegleria/general.html
- https://www.ncbi.nlm.nih.gov/pmc/articles/PMC372708/
- http://idsc.nih.go.jp/iasr/18/207/dj2077.html
- https://www.theatlantic.com/science/archive/2019/07/how-brain-eating-amoeba-kills/594964/
- https://www.ncbi.nlm.nih.gov/pmc/articles/PMC7179828/
- https://academic.oup.com/femspd/article/51/2/243/888715
- https://www.ncbi.nlm.nih.gov/pmc/articles/PMC5100007/
- https://www.outsideonline.com/outdoor-adventure/water-activities/we-may-have-cure-brain-eating-amoeba
- https://www.ncbi.nlm.nih.gov/pmc/articles/PMC6616161/
- https://www.sciencedirect.com/science/article/abs/pii/S0001706X15001199?via%3Dihub
- https://neuropathology-web.org/chapter14/chapter14CSF.html
- https://academic.oup.com/cid/article/66/4/548/4161734?login=true
- https://www.ncbi.nlm.nih.gov/pmc/articles/PMC4604384/
- https://academic.oup.com/cid/article/62/6/774/2462791

❻ 살아 있는 민달팽이를 먹으면?
- https://www.sc-engei.co.jp/resolution/pestanddisease/photolist/details/1260.html?showtab=1
- http://hotozero.com/knowledge/animals_002/
- https://edition.cnn.com/2018/11/05/health/man-dies-after-eating-slug-on-dare/index.html
- https://www.huffingtonpost.co.uk/entry/should-parents-be-worried-about-kids-eating-worms-and-slugs_uk_5be00b84e4b04367a87e3661
- https://www.nationalgeographic.com/science/article/dont-eat-slugs-snails-rat-lungworm-brain-parasite-health-science
- https://www.niid.go.jp/niid/ja/kansennohanashi/384-kanton-intro.html
- https://wwwnc.cdc.gov/travel/yellowbook/2020/travel-related-infectious-diseases/angiostrongyliasis-neurologic

❼ 숨이고기가 인간의 항문에 기생하면?
- https://www.ncbi.nlm.nih.gov/pmc/articles/PMC3267241/
- https://journals.lww.com/amjforensicmedicine/Abstract/1987/08020/Rectal_Impaction_Following_Enema_with_Concrete_Mix.19.aspx
- https://www.globaltimes.cn/page/202107/1229761.shtml
- https://www.ncbi.nlm.nih.gov/pmc/articles/PMC1980742/
- https://www.fishbase.de/summary/FamilySummary.php?ID=187
- https://www.ingentaconnect.com/content/umrsmas/bullmar/1990/00000047/00000002/art00001#
- https://link.springer.com/article/10.1007/s00227-004-1467-7
- https://www.researchgate.net/publication/225571877_Further_insight_on_carapid-holothuroid_relationship
- https://www.australiangeographic.com.au/blogs/creatura-blog/2014/08/pearlfish-lives-in-sea-cucumber-anus/
- https://animaldiversity.org/accounts/Amphiprion_ocellaris/
- https://www.ncbi.nlm.nih.gov/pmc/articles/PMC5433529/
- https://link.springer.com/article/10.1007%2Fs00049-014-0152-7
- https://citeseerx.ist.psu.edu/viewdoc/download?doi=10.1.1.1071.2883&rep=rep1&type=pdf
- https://www.semanticscholar.org/paper/The-symbiotic-relationship-between-Sea-cucumbers-(-Luciano-Lyman/ec0255c3d87137e9c299f2118ff47a624687421c
- https://docplayer.net/33238967-The-symbiotic-relationship-between-sea-cucumbers-holothuriidae-and-pearlfish-carapidae.html
- https://www.australiangeographic.com.au/blogs/creatura-blog/2014/08/pearlfish-lives-in-sea-cucumber-anus/
- https://www.nationalgeographic.com/science/article/how-this-fish-survives-in-a-sea-cucumbers-bum
- https://www.healthline.com/health/diet-and-weight-loss/tapeworm-diet
- https://muschealth.org/medical-services/ddc/patients/digestive-diseases/colon-and-rectum/anal-stenosis
- https://www.hopkinsmedicine.org/health/conditions-and-diseases/gas-in-the-digestive-tract
- https://marineworld.hiyoriyama.co.jp/%E3%83%A0%E3%83%84%E3%82%B4%E3%83%AD%E3%82%A6.html
- https://fishesofaustralia.net.au/home/family/221
- https://www.ingentaconnect.com/content/umrsmas/bullmar/1981/00000031/00000003/art00013#
- https://www.healthline.com/health/gastrointestinal-perforation
- https://necsi.edu/parasitic-relationships
- https://docplayer.net/33238967-The-symbiotic-relationship-between-sea-cucumbers-holothuriidae-and-pearlfish-carapidae.html
- https://www.healthline.com/health/defecation-reflex
- https://www.researchgate.net/publication/262726967_Comparison_

참고문헌

between_15_Carapus_mourlani_in_a_Single_Holothurian_and_19_C_mourlani_from_Starfish
https://www.jstor.org/stable/1443286?origin=crossref

⑧ 매머드를 복원시키면?
Willerslev, Eske, et al. "Fifty thousand years of Arctic vegetation and megafaunal diet." Nature 506.7486 (2014): 47-51.
Michael Greshko "Mammoth-elephant hybrids could be created within the decade. Should they be?" National Geographic (2021)
Carl Zimmer "A New Company With a Wild Mission: Bring Back the Woolly Mammoth" The New York Times (2021)
Zimov, N. S., et al. "Carbon storage in permafrost and soils of the mammoth tundra-steppe biome: Role in the global carbon budget." Geophysical Research Letters 36.2 (2009).
Zimov, Sergey A., et al. "Mammoth steppe: a high-productivity phenomenon." Quaternary Science Reviews 57 (2012): 26-45.
Beer, Christian, et al. "Protection of permafrost soils from thawing by increasing herbivore density." Scientific reports 10.1 (2020): 1-10.
Denis Sneguirev, "Back to the Ice Age - The Zimov Hypothesis" Arturo Mio, 13 Productions, ARTE France, Ushuaïa TV, Take Five (2021)

⑨ 고래에게 먹히면?
『日本動物大百科 第2巻 哺乳類II』(平凡社)
『Newton 別冊改訂版 動物の不思議』(ニュートンプレス)
『海の動物百科1 哺乳類』(朝倉書店)
https://www.nationalgeographic.co.uk/animals/2021/06/humpback-whales-cant-swallow-a-human-heres-why
Whitehead, Hal. "Sperm whale: Physeter macrocephalus." Encyclopedia of marine mammals. Academic Press, (2018): 919-925.
Huggenberger, Stefan, Michel André, and Helmut HA Oelschlaeger. "The nose of the sperm whale: overviews of functional design, structural homologies and evolution." Journal of the Marine Biological Association of the United Kingdom 96.4, (2016): 783-806.
『海獣学者、クジラを解剖する 海の哺乳類の死体が教えてくれること』(山と溪谷社)

⑩ 상어에게 잡아먹히면?
Alcober, Oscar A., and Ricardo N. Martinez. "A new herrerasaurid (Dinosauria, Saurischia) from the Upper Triassic Ischigualasto formation of northwestern Argentina." ZooKeys 63 (2010): 55.
https://www.britannica.com/animal/white-shark
https://www.floridamuseum.ufl.edu/shark-attacks/factors/species-implicated/
https://ocean.si.edu/ocean-life/sharks-rays/built-speed
Klimley, A. Peter, et al. "The hunting strategy of white sharks (Carcharodon carcharias) near a seal colony." Marine Biology 138.3 (2001): 617-636.
https://www.nationalgeographic.com/animals/article/120315-crocodiles-bite-force-erickson-science-plos-one-strongest
Compagno, Leonard JV. Sharks of the world: an annotated and illustrated catalogue of shark species known to date. No. 1. Food & Agriculture Org., 2001.

⑪ 티라노사우루스에게 잡아먹히면?
Bell, Phil R., et al. "Tyrannosauroid integument reveals conflicting patterns of gigantism and feather evolution." Biology letters 13.6 (2017): 20170092.
Woodward, Holly N. "Paleontologists are unraveling the mysteries of young T. rexes. Creatures they thought were 2 species turned out to be kids and adults. "
Insider Jan 2, 2020 (2020).
Sellers, William I., et al. "Investigating the running abilities of Tyrannosaurus rex using stress-constrained multibody dynamic analysis." PeerJ 5 (2017): e3420.
Woodward, Holly N., et al. "Growing up Tyrannosaurus rex: Osteohistology refutes the pygmy "Nanotyrannus" and supports ontogenetic niche partitioning in juvenile Tyrannosaurus." Science Advances 6.1 (2020): eaax7055.
Cost, Ian N., et al. "Palatal biomechanics and its significance for cranial kinesis in Tyrannosaurus rex." The Anatomical Record 303.4 (2020): 999-1017.
Smith, Joshua B. "Heterodonty in Tyrannosaurus rex: implications for the taxonomic and systematic utility of theropod dentitions." Journal of Vertebrate Paleontology 25.4 (2005): 865-887.
Brochu, Christopher A. "Osteology of Tyrannosaurus rex: insights from a nearly complete skeleton and high-resolution computed tomographic analysis of the skull." Journal of Vertebrate Paleontology 22.sup4 (2003): 1-138.

제 3 장 아찔한 지구편

① 지구가 통째로 황금으로 변한다면?
https://www.pnas.org/content/118/4/e2026110118
https://www.nature.com/articles/nature04763
https://www.researchgate.net/publication/7004632_Accretion_of_the_Earth_and_segregation_of_its_core
https://www.sciencedirect.com/science/article/abs/pii/S0042207X21007594?dgcid=rss_sd_all
https://www.researchgate.net/publication/233030327_Pressure-volume-temperature_equations_of_state_of_Au_and_Pt_up_to_300_GPa_and_3000_K_Internally_consistent_pressure_scales
https://journals.aps.org/prb/abstract/10.1103/PhysRevB.80.104114
https://agupubs.onlinelibrary.wiley.com/doi/full/10.1002/2015GC006210

② 지구 반대쪽으로 땅굴을 파서 뛰어내리면?
https://www.arukikata.co.jp/country/BR/info/flight.html
https://www.space.com/17638-how-big-is-earth.html
https://www.nationalgeographic.com/encyclopedia/core/
https://image.gsfc.nasa.gov/poetry/ask/a10840.html
https://www.latlong.net/place/tokyo-japan-8040.html

③ 지구의 중력이 10배가 되면?
https://nasaviz.gsfc.nasa.gov/11234
https://skybrary.aero/articles/g-induced-impairment-and-risk-g-loc
https://aapt.scitation.org/doi/abs/10.1119/1.5124276?journalCode=pte
https://arxiv.org/pdf/1808.07417.pdf
https://www.frontiersin.org/articles/10.3389/fspas.2016.00026/full
http://www.uphysicsc.com/2012-GM-A-449.PDF
https://academic.oup.com/mnras/article/473/1/295/4160101

④ 지구에서 오존층이 사라지면?
https://www.nasa.gov/topics/earth/features/world_avoided.html
https://www.science.org/doi/10.1126/science.aae0061
https://www.who.int/news-room/questions-and-answers/item/radiation-ultraviolet-(uv)
https://link.springer.com/article/10.1007/s11160-020-09603-1
https://onlinelibrary.wiley.com/doi/full/10.1111/j.1466-8238.2012.00784.x
https://academic.oup.com/jxb/article/49/328/1775/516230?login=false
https://csl.noaa.gov/assessments/ozone/2010/twentyquestions/Q2.pdf

⑤ 전자기 펄스의 공격을 받으면?
https://www.thespacereview.com/article/1549/1
http://ece-research.unm.edu/summa/notes/SDAN/0031.pdf
https://www.popsci.com/story/environment/why-us-lose-power-storms/
https://www.ucl.ac.uk/risk-disaster-reduction/sites/risk-disaster-reduction/files/report_power_failures.pdf
https://www.nationalgeographic.com/science/article/earth-magnetic-field-flip-poles-spinning-magnet-alanna-mitchell

⑥ 지구의 바닷물이 민물로 바뀌면?
https://www.jstage.jst.go.jp/article/rikusui1931/42/2/42_2_108/_pdf/-char/en
https://www.nationalgeographic.org/media/the-mangrove-ecosystem/
https://www.americanoceans.org/facts/how-much-salt-in-ocean/

- https://www.cdc.gov/healthywater/global/wash_statistics.html
- https://www.unm.edu/~toolson/salmon_osmoregulation.html
- https://eprints.ucm.es/id/eprint/32657/1/robinson10postprint.pdf
- https://www.scienceabc.com/nature/world-oceans-become-freshwater.html
- https://www.sciencefocus.com/planet-earth/what-would-happen-if-all-the-salt-in-the-oceans-suddenly-disappeared/

7 후지산이 분화하면?
- https://www.japantimes.co.jp/news/2020/01/03/national/300-years-majestic-mount-fuji-standby-next-eruption/
- http://www.asahi.com/ajw/articles/13262900
- https://mainichi.jp/english/articles/20200331/p2a/00m/0na/004000c
- https://sakuya.vulcania.jp/koyama/public_html/Fuji/fujid/0index.html
- https://www.sciencedirect.com/science/article/pii/S1474706511001112?via%3Dihub

8 지자기 역전, 폴 시프트가 일어나면?
- https://academiccommons.columbia.edu/doi/10.7916/D8G450SZ
- https://www.epa.gov/radtown/cosmic-radiation
- https://www.nature.com/articles/377203a0
- https://www.science.org/doi/10.1126/sciadv.aaw4621
- https://www.nature.com/articles/nature02459
- https://academic.oup.com/gji/article/199/2/1110/618671

제 4 장 아찔한 인간편

1 인간이 양치질을 중단하면?
- https://jacksonsmilestn.com/blog/never-get-cavities/
- https://goldhilldentistry.com/cracking-the-truth-about-tartar/
- https://www.ncbi.nlm.nih.gov/pmc/articles/PMC5944123/
- https://journals.asm.org/doi/full/10.1128/CMR.13.4.547
- https://www.ncbi.nlm.nih.gov/pmc/articles/PMC3530710/
- https://www.nature.com/articles/s41598-021-93062-6
- https://link.springer.com/article/10.1007/s00784-018-2523-x

2 인간이 잠을 자지 않으면?
- https://www.news.com.au/technology/online/social/how-the-russian-sleep-experiment-became-a-global-phenomenon/news-story/b1705cc2fb46082e98ea13581ec4be0a
- https://www.ncbi.nlm.nih.gov/pmc/articles/PMC1739867/pdf/v057p00649.pdf
- https://www.ncbi.nlm.nih.gov/pmc/articles/PMC7479871/
- https://pubmed.ncbi.nlm.nih.gov/10718074/
- https://www.sleepdex.org/microsleep.htm
- https://www.bbc.com/future/article/20180118-the-boy-who-stayed-awake-for-11-days
- https://pubmed.ncbi.nlm.nih.gov/2928622/

3 인간이 통증을 느끼지 못하면?
- https://www.ncbi.nlm.nih.gov/books/NBK481553/
- https://www.bjanaesthesia.org/article/S0007-0912(19)30138-2/fulltext
- https://www.kare11.com/article/news/girl-who-cant-feel-pain-battling-insurance-company/89-557702857
- https://people.stfx.ca/jmckenna/P430%20Student%20Docs/History/Term1/Nov.%2017%20Papers/Congen-Insens.pdf
- https://onlinelibrary.wiley.com/doi/10.1002/ana.410240109
- https://www.ncbi.nlm.nih.gov/pmc/articles/PMC7658103/

4 초속 29만 9천792km 광속으로 똥을 누면?
- https://www.minamitohoku.or.jp/up/news/1pointreha/1pointreha62.htm
- https://www.pref.kanagawa.jp/sys/eiken/014_kids/14_infection_013.htm
- https://www.news-postseven.com/archives/20160914_446764.html?DETAIL
- https://docs.python.org/3/tutorial/floatingpoint.html

- https://what-if.xkcd.com/20/
- https://earthsky.org/space/what-is-the-most-distant-man-made-object-from-earth/

5 인간이 뇌를 100퍼센트 사용하면?
- https://staff.aist.go.jp/y-ichisugi/rapid-memo/brain-computer.html
- https://www.scientificamerican.com/article/do-people-only-use-10-percent-of-their-brains/
- https://www.kyoto-u.ac.jp/ja/research-news/2017-08-31-0
- https://www.abeseika.co.jp/topics/detail/11
- https://www.jaam.jp/dictionary/dictionary/word/0604.html
- https://www.riken.jp/press/2014/20140723_1/
- https://www.u-tokyo.ac.jp/focus/ja/articles/a_00372.html
- https://www.riken.jp/press/2012/20121128/
- https://www.riken.jp/press/2017/20170508_1/

6 인간이 계속 물속에 있으면?
- https://link.springer.com/article/10.1007%2Fs10286-004-0172-4
- https://diveshack.uk.com/world-record-scuba-dive/
- https://onlinelibrary.wiley.com/doi/abs/10.1111/j.1600-0536.1999.tb06990.x
- https://www.nih.gov/news-events/nih-research-matters/skin-microbes-immune-response
- https://onlinelibrary.wiley.com/doi/abs/10.1111/cod.13174
- https://www.odditycentral.com/videos/what-10-days-underwater-can-do-to-your-hands.html
- https://bonesdontlie.wordpress.com/2012/10/18/new-morbid-terminology-grave-wax/

7 후지산 정상에서 굴러떨어지면?
- https://www.nhk.or.jp/gendai/articles/4365/index.html
- https://www.pref.yamanashi.jp/kankou-sgn/documents/besshi2_2nd.pdf
- https://www.wiredforadventure.com/avoid-winter-hazards-mountains/
- https://www.tampabay.com/features/travel/i-fell-down-a-mountain-while-hiking-the-tour-du-mont-blanc/2297513/
- https://www.bbc.com/news/magazine-12324297
- https://www.researchgate.net/publication/26293826_Mountain_mortality_A_review_of_deaths_that_occur_during_recreational_activities_in_the_mountains

8 인체를 냉동 보존하면?
- https://www.theguardian.com/science/2015/oct/11/cryonics-booms-in-us

바이언스 생존 전략

벼락 맞고도 살아남는 법
- http://www.kakunin-design.info/contents/lightning/data/
- http://www.jma.go.jp/jma/kishou/know/toppuu/thunder1-4.html
- http://www.med.teikyo-u.ac.jp/~dangan/MANUAL/Burn/Electrical/lightburn.htm
- https://www.franklinjapan.jp/raiburari/knowledge/safety/64/

4차원 공간에서 살아남는 법
- https://www.s.u-tokyo.ac.jp/ja/story/newsletter/keywords/10/04.html
- https://www.askamathematician.com/2014/11/q-can-a-human-being-survive-in-the-fourth-dimension/

비행하던 여객기에서 떨어졌을 때 살아남는 법
- https://www.statista.com/statistics/564769/airline-industry-number-of-flights/#:~:text=Global%20air%20traffic%20%2D%20number%20of%20flights%202004%2D2021&text=The%20number%20of%20flights%20performed,reached%2038.9%20million%20in%202019.
- https://lumens.blog.fc2.com/blog-entry-28.html
- https://www.popularmechanics.com/adventure/outdoors/a35340487/how-to-fall-from-a-plane-and-survive/

에필로그

고생하셨습니다.
가혹한 인체 실험에서 무사히 살아남았군요.
태양 낙하와 티라노사우루스의 공격을 비롯한
다양하고 아찔한 경험은 앞으로의 인생에서
우리를 강하게 만들어 줄 거예요.

우리가 살아남을 수 있었던 건
바이언스 슈트가 있었기 때문이에요.
그러나 너무 믿지는 마세요.

참! 이번에 소개한 아찔한 과학 체험만이 전부는 아니랍니다.

극복하지 않으면 안 되는 지옥,

아니, 지독한 인체 실험이 아직 더 남았지요.

준비되는 대로 다시 부를게요.

물론 거부권은 없습니다.

잠시 쉴 시간을 줄 테니,

바이언스 슈트를 벗고 집으로 돌아가세요.

ZOKUZOKU SHITE YAMITSUKI NI NARU! MOSHIMO KAGAKU TAIZEN
©VAIENCE2022 ©Tadaaki Imaizumi2022 ©Teruaki Enoto2022
First published in Japan in 2022 by KADOKAWA CORPORATION, Tokyo. Korean translation rights arranged with KADOKAWA CORPORATION, Tokyo through Eric Yang Agency Inc, Seoul.

이 책의 한국어판 저작권은 에릭양 에이전시를 통한 저작권자와의 독점계약으로 (주)비전비엔피(그린애플)에 있습니다. 저작권법에 의하여 한국 내에서 보호를 받는 저작물이므로 무단 전재와 복제를 금합니다.

한국어판 감수 김요섭(과학교사K)

광수중학교 교사이자 과학 학습 영상을 소개하는 유튜버로 '과학교사K' 채널을 운영하고 있다. 학생의 성장을 돕기 위해 쉽고 빠른 영상을 제작하며, 즐겁고 의미 있는 수업을 만들기 위해 노력하고 있다.

옮긴이 최미혜

한국외국어대학교 일본어과를 졸업하고 같은 대학 교육대학원에서 일본어 교육을 전공했다. 삼성전자, 내무부 공무원 연수원, 신원CC 등 다수의 기업에 출강했으며, 십여 년간 송담대학교와 유원대학교에서 학생들을 가르쳤다. 현재는 일본어 전문 번역가로 활동 중이다. 쓴 책으로는 「규슈에서 일주일을」, 「지금, 시코쿠」가 있으며, 옮긴 책으로는 「책장을 정리하다」, 「이렇게 책으로 살고 있습니다」, 「하루 3분 두뇌 홈트 달력」, 「문과생인 당신이 지금 해야 할 일」, 「기쁨의 노래」, 「끝나지 않은 노래」, 「초3 성적보다 중요한 것이 있습니다」 등이 있다.

미스터 바이언스의
아찔한 과학책

초판 1쇄 인쇄 2023년 3월 9일
초판 1쇄 발행 2023년 3월 16일

글 바이언스(VAIENCE) | **그림** 안락쿠 마사시 | **감수** 이마이즈미 타다아키 · 에노토 테루아키 · 김요섭
옮김 최미혜

펴낸이 이범상
펴낸곳 (주)비전비엔피 · 그린애플

기획 편집 이경원 차재호 김승희 김연희 고연경 박성아 최유진 김태은 박승연
디자인 최원영 한우리 이설 김현진 | **마케팅** 이성호 이병준
전자책 김성화 김희정 | **관리** 이다정

주소 우) 04034 서울특별시 마포구 잔다리로7길 12 (서교동)
전화 02) 338-2411 | **팩스** 02) 338-2413 | **홈페이지** www.visionbp.co.kr
인스타그램 https://www.instagram.com/greenapple_vision | **포스트** post.naver.com/visioncorea
원고투고 gapple@visionbp.co.kr

등록번호 제2021-000029호
ISBN 979-11-92527-25-3 73400

ⓒ 2023 글 바이언스(VAIENCE) · 그림 안락쿠 마사시

· 값은 뒤표지에 있습니다.
· 잘못된 책은 구입하신 서점에서 바꿔드립니다.